Marion Küstenmacher

Wo die Seele Atem holt

52 Impulse aus der Mystik
für mehr Gelassenheit, innere Ruhe und Wachheit

W0411742

IRISIANA

Inhalt

1 EIN-BILDEN

Vom Innehalten und Wahrnehmen

2 AUS-BILDEN

Vom Üben und Wachwerden

3 ENT-BILDEN

Vom Loslassen und Freiwerden

4 ÜBER-BILDEN

Vom Wachsen und Reifen

Liebe Leserin, lieber Leser!

„Wo die Seele Atem holt“ heißt dieser Mystik-Begleiter durch 52 Wochen. Sein Titel wurde inspiriert von einem Wort des jüdischen Religionsphilosophen Martin Buber: „Mystik ist das Grenzgebiet des Glaubens, in dem die Seele Atem holt zwischen Wort und Wort.“ Ich hoffe, Sie spüren die Verlockung, die in diesen Worten steckt und bekommen Lust, dieses weite Feld der Mystik selbst zu erforschen.

Mit der Mystik betreten Sie das Hoheitsgebiet Ihrer Seele. Es geht um Ihre ureigene Sehnsucht, um die feinen Suchbewegungen Ihrer Seele nach dem Göttlichen, dem geheimnisvollen Urgrund allen Daseins in Ihnen und um Sie herum. Im Hebräischen, der Sprache Bubers und des Alten Testaments, heißt die Seele „näfäsch“. Dieses Wort bedeutet zugleich auch noch Leben, Mensch, Gemüt und Atem. Bewusstes Atmen und seelische Prozesse gehören zusammen. Wenn Ihr Atem frei in Sie hineinfließt und Sie durchströmt, kann Ihre Seele aufatmen. Getragen vom Atem schwingt sie sich auf, kommt in Resonanz mit ihrer eigenen Weite und öffnet sich der unendlichen Wirklichkeit, die wir Gott nennen.

Starten Sie damit einfach da, wo Sie gerade stehen. Da „wo man ein wahres Leben lebt“, beginnt jede mystische Reise, betonte Martin Buber und fügte hinzu: „Jeder Mensch kann von seinem Punkt, von seinem Wesen aus zu Gott kommen.“ Buber nannte ihn auch den „archimedischen Punkt“, von dem aus jeder Einzelne die Welt bewegen kann – einfach dadurch, dass er sich selbst wandelt. Noch etwas war für Buber aufgrund seiner Mystikstudien klar: „Alle Menschen haben einen Zugang zu Gott, aber jeder einen anderen.“

Wie Ihr persönlicher Zugang zur grenzenlosen Weite des Bewusstseins aussieht, können nur Sie selbst herausfinden. Das ist das Abenteuer der Mystik. Sie werden aber rasch merken, dass Sie in diesem Grenzgebiet zwischen Religion, Philosophie und Bewusstseinsforschung nicht alleine unterwegs sind. Sie werden auf viele andere spirituelle Individualisten treffen, auch große Mystiker. Diese Pioniere des Geistes sind alle ihren eigenen Weg gegangen. Sie waren ihrer Umgebung und ihrer Zeit oft weit voraus. Sie waren Rebellen und Friedensstifter, Poeten und Liedermacher,

Liebende und soziale Aktivisten. Heute wissen wir auch: Mystiker sind gute Brückenbauer zwischen den verschiedenen spirituellen Richtungen, Konfessionen und Religionen. Sie kommen aus allen möglichen religiösen Traditionen und doch ähneln sich viele ihrer Erfahrungen auf verblüffende Weise. Im Hawaiianischen bedeutet das Wort für Familie, „ohana", wörtlich „Menschen, die gemeinsam atmen". So eine weltumspannende spirituelle Familie sind die Mystiker. Ihre Worte und Bilder atmen den gleichen universalen Geist.

Sie alle erzählen, jeder in der Sprache seiner eigenen Tradition, letztlich immer eine einzige große Geschichte: Sie sprechen von einer unstillbaren Sehnsucht nach Tiefe, Wahrhaftigkeit und Sinn, die sie antrieb. Sie spürten die Notwendigkeit, dafür das eigene Innere zu erforschen. Sie zogen sich dafür in die Einsamkeit zurück, gründeten Gemeinschaften oder folgten entschlossen einem Meister. Sie beschrieben ihre Wanderungen durch die Räume der Seele in allen Details. Sie betonten die Bedeutung von Achtsamkeit, Stille, bewusstem Atmen, Loslassen und Leerwerden. Sie schulten ihr Bewusstsein, erlebten inspirierende transformatorische Prozesse und meisterten anstrengende Phasen der Stagnation. Sie schilderten besondere Bewusstseinszustände, Flow-Erlebnisse und Gipfelerfahrungen, die so unbeschreiblich waren, dass sie dafür um Worte ringen oder sogar ganz neue dafür erfinden mussten. Sie versuchten, sich diese Erfahrungen mithilfe ihrer vertrauten Religion zu deuten. Und schließlich sahen sie ihre Hauptaufgabe darin, anderen Menschen zu dienen und der Welt das an Gutem, Wahrem und Schönem hinzuzufügen, was nur durch sie Wirklichkeit werden konnte.

Sie befinden sich also in bester Gesellschaft, wenn Sie Mystikertexte lesen und meditieren. Ich wünsche Ihnen, dass Ihre „Seele Atem holt zwischen Wort und Wort" und Ihnen die wunderbaren Worte der Mystikerinnen und Mystiker guttun, die ich für Sie zusammengetragen habe.

Herzlichst, Ihre

Marion Küstenmacher

Warum eigentlich Mystik?

„Mystik ist der Strom, der die Religionen trägt." Diese Kurzformel beschreibt gut, dass Mystik viel mehr ist als die Angelegenheit einiger religiöser Ausnahmegestalten. Mystik ist die eigentliche Lebensform für alle Menschen mit spirituellem Interesse. Ich nehme an, dass Sie dazu gehören. Sie wollen die Tiefendimension der Religionen nicht nur als intellektuelles oder theologisches Programm begreifen. Sie wollen Gott, das Unendliche, das Eine in Allem nicht nur vom Hörensagen kennen, sondern auch selbst erfahren. Sie sind neugierig auf das Leben, stehen mit beiden Beinen auf der Erde und tragen trotzdem eine unstillbare Sehnsucht in sich. Vielleicht geht es Ihnen wie den Sufis, den Mystikern der Liebe im'Islam. Sie spüren, dass Ihr Herz zum Ursprung der Liebe zurückkehren will, zu dem Urgrund, der Gott heißt und aus dem alles entsteht. Sie wissen, dass Sie ein verborgenes Leben mit Gott in sich tragen – ganz gleich welchen Namen Sie ihm auch geben möchten. Für Sie stimmt, was Gershom Sholem, Erforscher der jüdischen Mystik, sagt: „Mystik ist Religion in ihrer innerlichsten, tiefsten und lebendigsten Form." Für Sie findet Mystik nicht irgendwo in schwindelerregenden Höhen statt, sondern mitten in Ihrer persönlichen Existenz und in Ihrem konkreten, alltäglichen Leben. Genau für Sie ist dieser Mystik-Begleiter gedacht.

Welche Weisheitstraditionen wurden berücksichtigt?

Hier sprechen vor allem die Mystikerinnen und Mystiker aus den fünf großen Weltreligionen zu Ihnen: Hinduismus, Buddhismus, Judentum, Christentum, Islam. Damit umspannen die Texte nicht nur den ganzen Globus, sondern auch weit über 3000 Jahre. Außerdem habe ich Taoismus, Konfuzianismus und die Weisheitstradition der indigenen Völker berücksichtigt. Gerade die letzteren repräsentieren die älteste Schicht menschlicher Erfahrungen mit spirituellen Bewusstseinszuständen und Einheitserlebnissen. Auch ihre Ältesten und Schamanen sprechen vom „Großen Geist", der in allen Menschen wohnt und uns in jedem sichtbaren Phänomen entgegentreten kann.

Innerhalb eines Kapitels mischen sich die Vertreter aller Traditionen oft. So wird hoffentlich das Gemeinsame und Verbindende zwischen ihnen deutlich. Bitte schlagen Sie hinten im Autorenverzeichnis nach, welcher Tradition ein Name zuzurechnen

ist, wenn es im Text nicht erwähnt wird. Auch die Lebensdaten finden Sie dort. Bei dem Urheber eines Zitats finden Sie jeweils das Symbol der spirituellen Tradition, aus der er oder sie stammt:

- Kreuz – Christentum
- Lebensrad – Buddhismus
- Davidstern – Judentum
- Om-Zeichen – Hinduismus
- Halbmond mit Stern – Islam
- Medizinrad – indigene Traditionen (Stammestraditionen)
- Yin-Yang – Taoismus und Konfuzianismus

Vertragen sich diese verschiedenen spirituellen Wege überhaupt?

Im Umgang mit der religiösen Tradition, aus der wir kommen, zeigen viele von uns zwei Muster. Entweder wir lehnen sie ab oder wir verteidigen sie als den einzigen Weg. Licht und Schatten finden sich aber in allen Religionen. Immer wieder sind ihre Vertreter verstrickt in Kämpfe um Wahrheit, Macht, Besitz und Ansehen. Gründe dafür sind immer menschliche Unreife, Unwissenheit, Gier und Egoismus. Paradoxerweise sind die Religionen aber gleichzeitig großartige „Förderbänder" für seelische und geistige Entwicklung. Besonders ihre mystischen Wege können viel dazu beitragen, dass Menschen ihre Egozentrik ablegen und immer mehr Herzensgüte, Mitgefühl und interreligiöse wie interkulturelle Friedfertigkeit entwickeln.

Das liegt daran, dass alle Religionen aus einem gemeinsamen Urstrom des Geistes gespeist werden. Gerade die Mystiker betonen das aufgrund ihrer Einheitserfahrungen. Sri Ramakrishna, einer der

großen Hindu-Mystiker Indiens, wurde nicht müde, auf das Gemeinsame aller religiösen Traditionen hinzuweisen: „Sage nicht, deine Religion sei besser als die anderen.“ Oder: „In einem Töpferladen gibt es Gefäße von verschiedener Gestalt und Form: Krüge, Tiegel, Schüsseln, Teller usw., aber alle sind aus demselben Ton gemacht. So ist Gott auch Einer, wird aber in verschiedenen Zeiten und Ländern unter verschiedenen Namen und in verschiedenen Aspekten verehrt.“

Ich hoffe, dass Sie beim Lesen diesen „gemeinsamen Töpferton“ spüren, aus dem die Mystiker der Welt ihre Worte über das Göttliche formten. Gerade da, wo sie in Bildern sprechen, kommt uns Gott näher als in abstrakten Begriffen. Mystiker wissen natürlich trotzdem, dass alle Worte, Symbole oder Bilder Gott nie ganz erfassen. Aber irgendwie müssen sie ihre Erfahrungen ja ausdrücken und dafür eignen sich Bilder, Geschichten oder Gleichnisse immer noch am besten. Der mystische Code der Bildersprache gehört zum schöpferischen Potential der Seele und kann die schlummernde Intuition für das Göttliche wecken. Auch die Fotos dienen der Sammlung des Geistes und können Sie dabei unterstützen. Gehen Sie in einen inneren Dialog mit dem Bild: Was drückst du für mich aus? Das Bild wird Ihnen eine Fülle von Antworten zuspielen.

Welcher Struktur folgt dieser Begleiter für ein Jahr?

Für die großen vier Themenblöcke des mystischen Prozesses habe ich mich von Meister Eckart (1260 – ca. 1328), unserem größten deutschen Mystiker inspirieren lassen. Er war Philosoph, Theologe, Mystiker und spiritueller Lehrer für viele Menschen. Meister Eckart war auch ein Meister der deutschen Sprache. Viele uns geläufige Begriffe hat er erfunden, um damit spirituelle Erfahrungen auszudrücken: das wunderbare Wort „Gelassenheit“ etwa oder „Wirklichkeit“. Auch unser Begriff „Bildung“ stammt von ihm. Allerdings bezieht er diesen Begriff nicht auf Schulen, Seminare oder Lehrpläne. Bildung ist für ihn eine „Gottessache“, ein transformatorischer Prozess seelischer Umwandlung mit einem klaren Ziel: „damit der Mensch Gott ähnlich werde“. Dafür braucht es Entschlossenheit, den echten Wunsch, sich seine innerste Wirklichkeit zu erschließen und dort nach Gott zu suchen. Meister Eckart hat oft mit dem Verb „bilden“ gespielt und es variiert, um diese seelischen Bildungsprozesse zu verdeutlichen. Vier davon habe ich als Leitmotive ausgewählt: ein-bilden, aus-bilden, ent-bilden und über-bilden.

1 EIN-BILDEN.

Vom Innehalten und Wahrnehmen

Zu Beginn des Weges geht es um das Einbilden. Bei Meister Eckart hat das noch nichts mit unserem negativen Verständnis von Einbildung oder Eingebildetsein zu tun. Es geht ganz ursprünglich darum, welche Eindrücke, Bilder, Gedanken, Ideen, Urteile und Konzepte Sie in sich aufnehmen und wie Sie es tun. Stets haben Sie es dabei mit Ihrem Ich (als Subjekt) zu tun, das etwas (ein Objekt) erkennt. Es gibt also immer zwei: einen Erkennenden und ein Erkanntes.

Auf diese Weise bilden Sie ständig Ihre Ich-Identität, mit der Sie sich orientieren und in der Welt zurechtfinden. Das hat viel Gutes, nur baut es leider auf einer grundsätzlichen Trennung auf. Diese Trennung im Bewusstsein, diesen Dualismus wollen die Mystiker aufheben, um wieder zur Einheit mit Gott oder zum grenzenlosen Bewusstsein zu gelangen. Mystiker sprechen vom wahren Wesen oder vom „kensho", der Wesensschau, bei der im Bewusstsein Erkennender, Erkennen und Erkanntes wieder als EINS erfahren werden. Mystik ist darum ein Weg des Geistes und der Bewusstseinsschulung hin zur Einheitserfahrung.

Deshalb drehen sich die ersten zwölf Kapitel um achtsame Wahrnehmung. Es geht um Ihre Aufmerksamkeit für Ihren eigenen Körper, seine fünf Sinne und besonders den Atem. Sie schulen Ihre Achtsamkeit auch im gewahrsamen Blick auf die Natur, auf Mikro- und Makrokosmos. Sie üben sich darin, sich im Hier und Jetzt zu verankern, um präsent und gesammelt immer genau das erfassen zu können, was sich gerade zeigt. Sie trainieren Ihren Anfängergeist und lernen, Ihre Konzentration willentlich zu steuern. Diese achtsame Aufmerksamkeit brauchen Sie als „Beistand, der euch hilft, den ›größeren Geist‹ oder den Geist, der überall ist, wahrzunehmen" (so der Zen-Meister Shunryu Suzuki). Es geht also darum, dass Sie sich üben, eine unterscheidungsfähige Urteilskraft im Blick auf die volle Wirklichkeit zu entwickeln.

In der ersten Phase des Ein-bildens übt man viel mit Bildern oder Eindrücken von außen. „Bilder sind eine Lockung zu Gott", sagte Meister Eckart. Der von ihm stark inspirierte Heinrich Seuse fügte hinzu, dass man jederzeit einen Vorrat guter Bilder oder Sprüche haben sollte, um sie in seiner Seele hin und her zu wenden. Davon finden Sie hier eine große Menge. Suchen Sie unter allen Bildern, Übungen und Texten nach denen, die für Sie zum Sprungbrett Ihres Geistes werden kön-

nen. Probieren Sie aus: Auch die Fotos und Übungen sind dabei eine gute Hilfe! Verweilen Sie so oft es geht dabei, um diese Erfahrung auszuloten. Was berührt Sie? Was trägt Sie über die Grenzen Ihres Alltagsbewusstseins hinaus? Manches will sich bei Ihnen deutlich tiefer ein-bilden. Sie merken es daran, dass innerlich der Funke überspringt und Ihnen das Herz für das Lebendigste aufgeht.

2 AUS-BILDEN.

Vom Üben und Wachwerden

Das Wort „ausbilden“ ist uns auch heute noch vertraut. Wenn Sie eine Ausbildung machen, haben Sie sich bewusst entschieden, etwas Neues zu lernen. Sie planen Zeit zum Üben ein und wissen, dass Ihnen als Neuling noch manches fremd sein wird und nicht gleich alles gelingen kann. Auch bei den Mystikern ist noch kein Meister vom Himmel gefallen. Erst Übung macht den Meister. Darum haben viele Mystiker, die zur Einheitserfahrung gelangt sind, Übungswege entwickelt, um anderen die Erforschung des Bewusstseins zu erleichtern. Dazu gehören vor allem Introspektion, Einübung ins Schweigen und die Zurücknahme von Fehlhaltungen. Dank der heutigen Psychologie wissen wir, wie wichtig die Auseinandersetzung mit dem eigenen Schatten für die seelische Gesundheit ist. Es unterstützt Ihre spirituellen Prozesse nachhaltig, wenn Sie lernen, eingefahrene Verhaltensmuster zu durchbrechen und abgespaltete Aspekte Ihrer Seele wieder zu integrieren.

Niemand macht diese Gewissenserforschung wirklich gerne, oft geht es um seelische Altlasten, die man nicht gerne antastet. Aber die unterdrückte Seite Ihrer Psyche raubt Ihnen Energie für den weiteren Weg, darum holen Sie Ihre Schatten ans Licht! Sprechen Sie mit Ihren ungeliebten Anteilen. Nehmen Sie eine Beziehung auf zu dem, was Sie verstoßen haben. Es wird Sie entlasten und befreien.

Natürlich erfordert das alles auch eine gewisse Ausdauer. Für Meister Eckart ist Kontinuität beim Üben wichtig. Da der Geist zur Bewusstseinsstille finden soll, tut nicht die Abwechslung gut, sondern eher die Monotonie oder schlichte Wiederholung. „Denn der Mensch muss jeweils nur eines tun, er kann nicht alles tun. Der Mensch ergreife eine gute Weise und bleibe immer dabei und bringe sie in alle guten Weisen ein.“ Auch Johannes Tauler, ein anderer Eckart-Schüler, wusste schon vor 700 Jahren: „Das geht nicht an einem Tag und auch nicht in kurzer Zeit, man muss sich daran gewöhnen mit emsigem Fleiß und dabei aushalten ... es wird dann leicht und erfreulich." Das gilt besonders für die Übungen am Ende jedes Textes. Finden Sie heraus, welche Ihnen am meisten liegen und kehren Sie dann immer wieder zu ihnen zurück.

Mit einer solchen Einstellung werden Sie von den zwölf Schritten dieses Teils sicher profitieren. Sie können sich leichter in Ihrem eigenen Inneren verankern, Sie gelangen hinter die Verteidigungslinien Ihres Alltag-Ichs, Sie entdecken das „verschüttete Wesen" wieder, das Sie selbst sind. Sie sehen auch die stille, göttliche Weite in Ihrem Inneren immer klarer. Und Sie merken: Mystik ist das beste Ausdauertraining für Ihren Geist, um zu mehr Ruhe, Tiefe und Gelassenheit zu gelangen.

3 ENT-BILDEN.

Vom Loslassen und Freiwerden

Das Wort „entbilden" ist bis heute ein sehr seltenes Wort geblieben. Selbst Meister Eckart gebrauchte es nur siebenmal, obwohl es die entscheidende „Arbeit" der mystischen Praxis auf den Punkt bringt: Es ist die Aufforderung zum inneren Loslassen und bewussten Freimachen von allem, was sich in unser Bewusstsein eingebildet und darin ausgebildet hat. Entbilden bedeutet bewusstes Loslassen aller ichbezogenen Bewusstseinsinhalte. Je geübter Sie darin sind, Ihre Aufmerksamkeit willentlich zu steuern, desto genauer können Sie die ständigen auf das Ich bezogenen Bewegungen Ihres Bewusstseins beobachten. Sie wissen bestens Bescheid über diesen „Zappelphilipp", der pausenlos in Ihnen ein Lust-Unlust-Feld aufbaut und die Aufmerksamkeit an sich bindet. Mit dem Ent-bilden geben Ihnen die Mystiker das beste Gegenmittel in die Hand. Das bewusste innere Leerwerden erzeugt eine Art Rücklauf von der lärmenden Vielfalt in unserem Bewusstsein zur leeren „Einfalt" der Bewusstseinsstille. Dabei löst man sich von aller Ich-Gebundenheit an Gedanken, Gefühle, Wünsche, Konzepte, Pläne, Erwartungen oder Vorstellungen. Sie können es sich so einprägen: Ent-bilden vom Ich bedeutet für die Zeitspanne Ihrer Meditation nichts tun, nichts planen, nichts wollen, nichts festhalten. Alles, was in dieser Zeit in Ihnen auftaucht, ist Ich-Material, das Sie loslassen können.

Bei Meister Eckart finden Sie auch ein schönes Bild dafür: „Wenn ein Meister ein Bild macht aus Holz oder

aus Stein, so trägt er das Bild nicht in das Holz hinein, sondern er schnitzt die Späne ab, die das Bild verborgen und verdeckt hatten; er fügt dem Holz nichts hinzu, sondern er nimmt weg und gräbt ihm die ›Decke‹ ab und nimmt den ‚Rost' weg, und dann erglänzt, was darunter verborgen lag. Dies ist der Schatz, der verborgen im Acker lag." Die Geschichte vom Bildhauer gibt es schon bei Plotin, der das geduldige Ent-bilden als schöpferischen Verschönerungsprozess des eigenen Inneren beschreibt. Das Dunkel wird so lange von allen Ich-Anhaftungen gesäubert, bis der göttliche Glanz das Innere vollständig erfüllt und man „ganz und gar reines, wahres Licht" wird. Oder „gottfarben", wie Meister Eckart sagen würde.

Je mehr Sie in der Versenkung von sich absehen und sich auf ein Einziges, Umfassendes, auf Gott, den innersten Grund ausrichten, desto besser können Sie sich selbst lassen. Das genügt. Durch dieses Leerwerden verwandeln Sie Ihr Bewusstsein in einen Raum, den der göttliche Überfluss ausfüllen kann. Wenn die vollständige Leere („das Armsein im Geiste" wie Jesus es nannte) auch nur für einen Moment erreicht wird, können Sie die mystische Einheitserfahrung machen. Sie sind dann, im Sinne von Eckart: „Eins mit Einem, Eines in Einem und in Einem Eines ewiglich."

4 ÜBER-BILDEN.

Vom Wachsen und Reifen

Die letzte von Meister Eckarts Wortschöpfungen ist das „Überbilden". Damit meint er, dass Ihr Ich sich sichtbar transformiert. Es wird von reiferen, ganzheitlicheren, geeinten Wesenskräften über-bildet. Eckart vergleicht die Seele mit Wachs, in das sich Gott eingeprägt hat wie ein Siegel. Das Seelenwachs hat das Bild vollständig übernommen, es ist „in Gott überbildet mit Gott". Wer sich so tief innen gewandelt hat, wird auch außen Wandlung bewirken. Sein Wirken, so Meister Eckart, ist zugleich auch Gottes Wirken: „Darum kann das äußere Werk niemals klein sein, wenn das innere groß ist."

Sie können das an Ihrer erneuerten Lebensführung und in Ihrem schöpferischen Wirken erkennen. Sie handeln und gestalten „wie von selbst", weil Sie mit Ihrer ganzen Person, mit ganzem Herzen und mit ganzer Seele ungeteilt agieren können. Was Sie tun, ist in sich sinnvoll, ein vollkommen freier Akt und zugleich zutiefst notwendig für diese Welt. An diesem Punkt verkörpern Sie das, was die Zen-Meister als „kenchuto" bezeichnen, einen „Zustand völliger Na-

türlichkeit". Mystiker sagen dazu schlicht: „Ich bin, was ich tue." Sie wirken ohne „kaufmännische Hintergedanken", einfach so, aus Präsenz, Intuition und innerer Klarheit über die eigene Lebensaufgabe heraus: Das ist jetzt zu tun, und zwar durch mich. Auch Sie werden spüren, dass Sie innerlich geführt werden und im Einklang mit sich und der Welt wirken können. Das macht einen echten „Lebemeister" aus, wieder so ein schöner und treffender Begriff, den Meister Eckart erfunden hat.

Ihr Weg nach innen hat also eine komplementäre Entsprechung: Ihren Weg nach außen. Würde es diesen nicht geben, wäre die Welt für Sie wieder geteilt, Sie wären in einem neuen Dualismus gelandet. Dabei ist alles eins, ineinander verschränkt, von einem Geist durchdrungen. Auch diese äußere, sichtbare Welt enthält die unendliche göttliche Präsenz. Erleuchtung und Alltag sind eins. Mystiker mit diesem Wissen sind bodenständig. Sie steigen wie Jesus vom „Berg der Verklärung" herunter und finden in der leidenden Welt zu einem Dienst, der die Not lindert. Sie gehen „mit offenem Herzen" hinaus auf den „Marktplatz" und machen sich die Hände schmutzig, ohne das Gefühl für die Einheit von allem zu verlieren.

Das Über-bilden gehört zum lebenslangen Weiter-bilden Ihres Wesens. Es ist ein Ausdruck für den Wachstumsprozess der kosmischen Ordnung, den Sie selbst verkörpern und der bis zu Ihrem Tod andauert. Das wird Ihren Geist lebendig erhalten und Ihre Seele vor dem Verholzen bewahren. Freuen Sie sich an den wunderbaren Möglichkeiten Ihres vorwärtsschreitenden Geistes und vertrauen Sie auf Ihr höchstes Potenzial, das Göttlich-werden-können in Ihnen.

Ihre Seelenprozesse wollen Sie mitten in das Zentrum der lebendigen Liebe selbst hineinführen. Richten Sie sich immer wieder darauf aus. Atmen Sie diese Liebe ein und aus, sie ist unerschöpflich, ewig eins und unentwegt in allem gegenwärtig. Sie können sie nicht verfehlen. Sie können sie aber auch nur sehen, wenn Sie selbst zu dieser Liebe werden. Haben Sie keine Scheu der oder die zu sein, der größer als andere liebt. Leben Sie die Gottesliebe, breiten Sie sie aus!
Meister Eckart versichert es immer wieder: „Gott liebt, und die Seele, die in der Liebe ist, die ist in Gott, und Gott ist in ihr. Und da Gott überall ist und sie in Gott ist, so muss auch die Seele überall sein, weil der in ihr ist, der überall ist. Gott ist überall in der Seele und sie ist überall in ihm."

Seine Liebe ist meine Liebe

All mein Gut ist Gott allein.
Wie er in mir ruht, so ruhe ich in ihm.
Ich bin ganz in ihn eingeschlossen
Und bin nicht mehr ich selbst.

Seine Liebe ist meine Liebe,
sein Reichtum mein Reichtum.
Sein Friede ist meine Ruhe,
seine Wege sind meine Lust.

Nichts könnte ich mehr erbitten,
denn alles ist mir geschenkt.
Ich muss nicht fürchten, es zu verlieren,
denn es gehört ihm allein,
der meine Liebe ist und mein Alles.

Gott ist alles. Ich bin nicht mehr.
Ich bin zurückgekehrt in meinen Ursprung.
Er allein lebt in mir,
ich aber bin nicht mehr in mir selbst,
sondern in ihm.

O Liebe, ich kann dir nicht entfliehen.
Wohin ich gehe, überall bist du,
überall finde ich dich.
Ich sehe dich nicht mehr durch Dunst oder Schleier,
sondern klar und offenbar.
Nichts ist mehr zwischen dir und mir.

Wie werde ich künftig leben können
Bei dieser großen Helligkeit,
bei diesem göttlichen Brand, der mich verzehrt?
Die Macht, die ich fühle, übertrifft alles Maß.

Wohin soll ich mich wenden?
Was soll ich sagen? Dies nur,
dass Liebe mich immerfort aus mir selbst wegführt
und bei jedem Schritt mich überwindet.

O Liebe, ich kann dir nicht entfliehen!
Nichts ist mehr zwischen dir und mir.

Armelle Nicolas (1606-1671)

1

Du bist auf der Reise zu dir. Vergiss nicht, dass du die Welt der Erscheinungen verlässt, um die Welt der Wirklichkeit zu betreten.

Abdul Khaliq Ghujduwani

ALLE SPIRITUELLEN TRADITIONEN sprechen von geheimnisvollen inneren Wegen zum Selbst, zur Bewusstwerdung oder zur Gotteserfahrung. Die islamische Mystik, der Sufismus, wird nach dem arabischen Wort „safat" schlicht „Reise" genannt. Mystiker sind also nichts anderes als Reisende auf dem Weg des Geistes, unterwegs zur grenzenlosen Grenze des Bewusstseins. Geleitet werden sie von der Sehnsucht nach dem Unendlichen, einer Art Heimkehrinstinkt, oder Bereitschaft zur liebevollen Hingabe an Gott. Aber auch wer nur vage spürt, dass ihm etwas Wesentliches im Leben fehlt, hat die Reise im Grunde schon begonnen.

Ihr innerer Weg beginnt genau an dem Ort, an dem Sie gerade sind, ganz gleich, in welcher Lebenslage Sie sich derzeit befinden. Als spirituelle Reisende bringen Sie die Bereitschaft mit, wach „im Geist zu wandeln". Sie möchten, dass der Weg Ihnen die Augen öffnet und dass sich unterwegs Schritt für Schritt Ihr Bewusstsein weitet. Wo immer Ihre innere Reise hinführt, sie wird Ihnen Möglichkeiten zur Wandlung und Transformation eröffnen. Vertrauen Sie zu Beginn darauf, dass Ihr Weg trägt und sinnvoll wird, sobald Sie ihn mit Ihren lebendigen Seelenkräften verbinden.

Der Sufi-Mystiker Ghujduwani riet seinen Schülern, bei jedem Schritt der inneren Reise besonders auf den bewussten Atem, ein offenes Herz und den konkreten Weg unter den Füßen zu achten.

ÜBUNG: Definieren Sie ein vertrautes Stück Weg als „heilige Bahn", auf der Sie Ihre Schritte dem spirituellen Bewusstwerden widmen oder Gott entgegen gehen. Passen Sie Ihre Schritte Ihrem Atem an und verbinden Sie diese mit einem kurzen Satz: „Mein Weg ist schön!" oder „Ich bin auf der Reise zu mir."

Vertraue dem Weg des Geistes.

2

Spaltet das Holz und ich bin da. Hebt einen Stein auf, dort werdet ihr mich finden.

Jesus im Thomasevangelium, Logion 77

DIESES WORT VON JESUS weist auf die schlichte, pure Wirklichkeit hin, in der wir uns alltäglich bewegen. Auch sie ist Ausdruck des göttlichen Ganzen und von ihm durchatmet. Alle materiellen Dinge, alle unsere Aufgaben sind folglich potenzielle „Augenöffner“ auf dem spirituellen Weg. Wie so viele Mystiker schulte auch der amerikanische Mystiker Henry D. Thoreau seine Wahrnehmung durch Alltagsbetrachtung: „Ich glaube, ich würde lieber einen Tag lang die Bewegungen dieser Kühe auf der Weide beobachten, die ich alle in einer Richtung auf mich zukommen sehe – sie beobachten, ihren Kurs sorgfältig in eine Karte eintragen und einen genauen Bericht über ihr Verhalten geben – als nach Europa oder Asien zu reisen und dort andere Bewegungen zu studieren. Denn wir berichten in jenem ersten Fall nur über uns selbst, im zweiten Fall vielleicht über ein rastloseres, weniger wertvolles Selbst als im ersten.“

Erlauben Sie also den ganz profanen Dingen oder Alltagsaufgaben, dass sie für Sie zu Symbolen werden, zu „sacramenta“, in denen sich die Schönheit, Fülle und Tiefe des einen Ganzen spiegelt. Lesen Sie die Phänomene der sichtbaren Welt als Gleichnisse der unsichtbaren spirituellen Welt, die zugleich verborgen und offenbar ist. Was immer Sie auch betrachten oder womit Sie sich befassen, vertrauen Sie darauf: Es gibt keine Trennung von Himmel und Erde, Diesseits und Jenseits, Materie und Geist. Es gibt nur *eine* Wirklichkeit, die allem zugrunde liegt. Die Allpräsenz des Unendlichen, das Über-All ist überall zu finden.

ÜBUNG: Wählen Sie spontan einen beliebigen Gegenstand aus Ihrer unmittelbaren Umgebung. Widmen Sie ihm für fünf Minuten Ihre volle Aufmerksamkeit, um seine Tiefe zu erforschen. Was zeigt sich alles?

Wende dich dem Alltäglichen zu.

3

Der Körper ist zum Bewusstsein erwachte Erde.

Chandogya-Upanishad 3.12,3

ZU EINER GESUNDEN MYSTIK gehört eine körperfreundliche Lebensweise. Wer wie der Apostel Paulus erkennt, dass der Körper der „Tempel des göttlichen Bewusstseins ist“ oder wie die Bhagavad Gita den Körper als ein „Gefäß des göttlichen Geistes“ würdigen kann, geht liebevoll mit diesem kostbaren Geschenk um. Achten Sie Ihren Körper als sensibles Instrument, indem Sie ihn gut behandeln, seine Bedürfnisse erfüllen, mit ihm fürsorglich umgehen und ihn liebevoll pflegen. Gönnen Sie ihm einen wohltuenden Rhythmus aus Schlafen, Bewegen, Essen, Trinken, Entleeren und erholsamem Ruhen.

Alle Religionen kennen Reinigungsrituale, die der Bewusstseinsklärung dienen. Sie können ein warmes Bad für sich in ein erfrischendes Bewusstseinsritual verwandeln. Dabei gönnen Sie Ihrem Körper Geborgenheit auch ohne schützende Kleidung. Sie pflegen ihn mit Sorgfalt und Liebe. Sie lassen los. Die körperliche Entspannung im Wasser entspannt auch Ihren Geist. Ihr Zeitempfinden wird gedämpft, der Raum weicher, Emotionen und Gedanken werden ruhiger. Ihr Geist gleitet ohne Anstrengung ins Jetzt, „einfach so“. Paradoxerweise erleben Sie so eine „ich-reduzierte“, erweiterte Bewusstheit bei vollem Bewusstsein. Wiederholen Sie nun einen Satz von Meister Eckart: „Alles Sein ist in Gott gebadet.“ Stellen Sie sich Gott vor als das grenzenlose, raum- und zeitlose Meer, in dem alles Lebendige schwimmt. Lassen Sie Ihren Körper, Ihre Seele und Ihren Geist davon sanft umspülen. Beschließen Sie Ihr Baderitual mit einem jüdischen Wort: „Mein Körper und meine Seele freuen sich in dem lebendigen Gott“. (Psalm 84, 3)

ÜBUNG: Gönnen Sie Ihrem Körper immer wieder neue Erfahrungen. Folgen Sie einmal dem Rat des Hindu-Mystikers Kabir: „Hast du einen Körper? Dann sitz nicht unterm Dach! Geh hinaus und laufe im Regen!“

Verstehe deinen Körper als Instrument des Geistes.

4

Würden die Pforten der Wahrnehmung gereinigt, erschiene dem Menschen alles, wie es ist: unendlich.

William Blake

DA WIR in einer Welt der medialen Überschwemmungen leben, sind die feinen Pforten unserer Wahrnehmung schnell verstopft. Zu viele Sinneseindrücke prasseln gleichzeitig auf uns nieder. Wir leiden unter Reizüberflutung aller Art und stumpfen ab. Jetzt geht es darum, die Sinne zu entlasten und neu zu schulen. Beginnen Sie, mithilfe Ihrer fünf Sinne wieder bewusst die Welt um sich herum zu „lesen". Was erzählen die Dinge, die Sie berühren, über sich? Was offenbaren die Klänge oder Temperaturen von Metall, Holz und Wasser? Was lösen die in Blumen und Gewürzen wohnenden Düfte, Aromen und Farben in Ihnen aus? Je geübter Sie darin sind, all diese Empfindungen unmittelbar wahrzunehmen, desto feiner wird Ihr Gewahrsein für alles, was sich von Augenblick zu Augenblick zeigt. Wenn Sie sich auf nur einen Sinn konzentrieren, können Sie die anderen entlasten.

Mit der Zeit wird Ihr Geist durch die Sinnesreize nicht mehr in alle Richtungen gezerrt. Als ruhiger Herr der Sinne kann er sie nun lenken. Die mystische Praxis ermöglicht es Ihnen schließlich, dass Sie sogar das ganze sinnliche Feld loslassen können. Hinter den gereinigten Pforten erscheint dann die „nackte", unbeschränkt weite Leinwand der Wirklichkeit.

ÜBUNG: Buddhisten nutzen einzelne Objekte zur Schulung der Sinne: eine Seidenschleife für den Tastsinn, eine Meeresschnecke für den Geruchssinn, einen Spiegel für das Sehen, ein Klanginstrument für das Hören und eine Frucht für das Schmecken. Finden Sie einen ruhigen Ort und eine angenehme, aufgerichtete Sitzposition. Widmen Sie sich 20 Minuten (in einer sogenannten Ein-Punkt-Konzentration) allein einem Objekt und einem Sinn. Welches Tor öffnet sich?

Schule deine fünf Sinne.

Ich bin das Land,
meine Augen sind der Himmel, meine Glieder die Bäume,
ich bin der Fels, ich bin die Wassertiefe.

Hopi-Tradition

DAS NATÜRLICHE TRAININGSFELD für mystisches Schauen und Wahrnehmen ist die Natur selbst. Natur ist mehr als pure Materie. Sie ist unübersehbar von Bewusstsein durchtränkt, auch wenn es unterschiedlich komplex ist. Vor allem wenn wir selbst hinaus ins Freie gehen, spüren wir wieder, dass wir selbst ein geistbegabtes Stück Natur sind. Ein Wunderwerk der Milchstraße, eine einzigartige Kreation neben Milliarden anderer unverwechselbarer Kunstwerke unseres Planeten. Grund genug, sich weiter staunend umzublicken.

Vertiefen Sie sich nach Herzenslust in die Strukturen, Vielfalt, Verletzlichkeit, Schönheit und Majestät der Natur. Die Liebe zur Natur ist ein natürlicher Wegweiser zur Gottesliebe. Mystiker haben über alles Mögliche meditiert: Mottenflügel, Baumstämme, Mondlicht, Windböen, Schneekristalle, Orangenstücke, Kühe, Berggipfel, Schildkröten ... Suchen Sie dann nach dem Punkt, wo Sie mit dem schöpferischen Geist in Beziehung treten, der all das hervorgebracht hat. „Sei still, mein Herz, diese Bäume sind Gebete", dichtete Rabindranath Thâkur. Franz von Assisi soll sich vor einem Grashalm verneigt haben und Bernhard von Clairvaux schulte seinen Geist in der Natur: „Ich hatte keine anderen Meister als die Buchen und die Eichen." Die Natur als unsere Lehrmeisterin hilft allen, die sie achten, die Spuren des Göttlichen in ihrem Reich zu erkennen.

ÜBUNG: Wählen Sie ein Objekt in der Natur und folgen Sie meditierend den Schritten der Zen-Praxis: Die Blume sehen heißt, zur Blume werden – die Blume sein – als Blume blühen – sich an Sonne und Regen erfreuen.
Diese Identifikationsübung dehnt Ihr Bewusstseinsfeld aus und verfeinert Ihr Empfinden.

Ehre die Natur als freundliche Lehrmeisterin.

Das strahlende Selbst leuchtet im Größten, leuchtet im Kleinsten, leuchtet im Fernsten, leuchtet im Nahesten, leuchtet in der geheimen Kammer des Herzens.

ॐ Mundaka-Upanishad III 1,7

OHNE DASS WIR darüber viel nachdenken, nutzen wir im Alltag nur ein ziemlich beschränktes Bewusstseinsfeld. Es ähnelt einem engen Käfig. Seine Stäbe definieren für uns den dreidimensionalen Raum plus Zeit. Sie binden uns an die übliche Alltagslogik, an emotionale Muster, an gewohnte Vorstellungen über unsere Identität und die Welt. So können wir gut funktionieren. Leider wird durch diese Konstruktionen unser ursprüngliches, strahlendes Bewusstsein radikal beschnitten. Es sitzt mit gestutzten Flügeln im Käfig. Sobald Sie aber anfangen, über das Allerkleinste oder Allergrößte zu meditieren, dehnen Sie Ihre übliche Wahrnehmungszone in Richtung Unendlichkeit aus. Betrachten Sie Mikrofotografien im Internet: Das Hirn eines Zebrafisches, den Mund eines neugeborenen Seesterns. Gehen Sie in ein Planetarium und tauchen Sie ein in die gigantischen Dimensionen des Kosmos. Wie könnte der elfdimensionale Raum aussehen, von dem die String-Theoretiker sprechen? Während Ihnen vielleicht schwindelig wird, wachsen Ihrem Geist wieder Flügel. Er „erinnert" sich an seine eigene Grenzenlosigkeit, seine Ungebundenheit an Zeit und Raum. Das Fernste ist das Nächste, gegenwärtig in unüberbietbarer Fülle. Darum gab die Mystikerin Marguerite Porete dem unendlichen Gott den paradoxen Namen „Der Fernnahe". Wie sie können wir alle erkennen, dass das Unendliche nicht nur im Kleinsten und Größten, sondern überall, also auch mitten in uns selbst, zu finden ist. Die innerste Kammer unseres eigenen Bewusstseins offenbart sich als unendliches Bewusstseinsfeld Gottes!

ÜBUNG: Meditieren Sie über Gott den „Fern-Nahen" im Unendlichkeitsmodus des Gregor von Nyssa: „Du bist die Nähe, du bist das All – diesseits und jenseits von allem."

Schau auf das Kleine und auf das Große.

Der Anfang unseres Glücks liegt im Erkennen, dass das Leben ohne Staunen nicht lebenswert ist. Was uns fehlt, ist nicht der Wille zu glauben, sondern der Wille zu staunen.

Abraham Joshua Heschel

ALS JÜDISCHER RELIGIONSPHILOSOPH beobachtete Heschel betroffen das langsame Verschwinden des Staunenkönnens in modernen Gesellschaften. „Wir lehren unsere Kinder, Maß zu nehmen, abzuwägen. Wir lehren sie aber nicht, zu verehren oder einen Sinn für Ehrfurcht und Bewunderung zu haben. Die Menschheit wird nicht aus Mangel an Informationen zugrunde gehen, sondern aus einem Mangel an Wertschätzung."

Quer durch die mystischen Traditionen finden wir dagegen ein Lob des Staunens. Es wird als sechster Sinn des Mystikers bezeichnet, als natürliche Begabung zu radikaler Verwunderung. Was ins strahlende Scheinwerferlicht des Staunens gerät, bekommt neuen Glanz von innen. Einfache Dinge, alltägliche Orte, vertraute Gesichter offenbaren plötzlich etwas von dem unaussprechlichen Geheimnis, dem verborgenen Urgrund in uns. Wir spüren entzückt ein Plus an Schönheit, Reife, Wahrheit, Tiefe, Güte oder Beziehung. Als natürliche Begleiterin des Staunens erscheint die Ehrfurcht.

Betrachten Sie das Staunenkönnen als Zwilling des kreativen Zweifels. Beide durchbrechen die Schranken alltäglicher Gewissheiten. Das bewahrt Sie vor Naivität und verleiht Ihrem Staunen die Kraft, neue Räume aufzuschließen. So bleibt Ihr Geist in Bewegung. Wie der christliche Mystiker Nikolaus von Kues lehrt: „Unser Bewusstsein wächst, wenn es durch Staunen angeregt wird."

ÜBUNG: Gehen Sie die letzten 24 Stunden in Gedanken noch einmal durch. Was war nicht selbstverständlich? Was hat Sie entzückt? Können Sie wie die Dichterin Mary Oliver sagen: „Mein Leben lang war ich die Braut des Erstaunens"? Womit überraschen Sie andere?

Lerne, wieder zu staunen.

Das Merkmal der Achtsamkeit besteht im Gerichtetsein des Bewusstseins, ihr Wesen im Nicht-Vergessen, ihre Äußerung im Beschützen. Bhadantācariya Buddhaghosa

DIESES WORT aus dem Visuddhi-Magga, einer der wichtigsten buddhistischen Schriften, hebt drei zentrale Aspekte der Achtsamkeit hervor. Zuerst die Genauigkeit: Nur wenn das Bewusstsein gerichtet ist, kann es exakt wahrnehmen, was wirklich ist. Schauen Sie also genau hin. Wenden Sie sich einer Sache ganz zu und nehmen Sie alles mit größtmöglicher Aufrichtigkeit wahr. Das mag anfangs Kraft kosten. Aber „eine echte Anstrengung der Aufmerksamkeit ist niemals, in keinem Fall, verloren. Immer ist sie in spiritueller Hinsicht voll wirksam", so die jüdische Mystikerin Simone Weil.

Nur so gelingt Ihnen auch das „Nicht-Vergessen". Dieser zweite Aspekt macht das Wesen der Achtsamkeit aus. Sie klammern nichts aus. Sie bestreiten es nicht. Nichts muss verleugnet oder ins Unbewusste verdrängt werden. Ihre Kraft bleibt gesammelt und Ihr Geist klar und ungetrübt.

Der dritte Aspekt ist die Freundlichkeit, die von Buddhaghosa „Beschützen" genannt wird. Das ist die Wächterfunktion des Geistes. Egal was Sie beobachten, nehmen Sie eine freundliche Haltung dazu ein. Bewachen Sie es „unermüdlich und klaren Sinnes", aber bekämpfen Sie es nicht. Bleiben Sie behutsam. So wird Achtsamkeit zu einer freundlichen, bewussten, geduldigen Konzentration zur Wahrnehmung von körperlichen Phänomenen, Emotionen und Bewusstsein selbst.

ÜBUNG: Erforschen Sie mit Ihrer Achtsamkeit Ihr Körperbewusstsein. Wachen Sie freundlich über die Gefühle und Stimmungen, die Sie bei sich wahrnehmen. Benennen Sie diese präzise. Beobachten Sie Ihr Denken beim Denken. Welche Muster erkennen Sie? Nehmen Sie wahr, wie dadurch Ihr Bewusstsein beginnt, sich über sich bewusst zu werden.

Erlerne die Achtsamkeit.

9

O Atem des Lebens, ich verschmelze mit dir beim Ein- und Ausatmen. Wie ein Lebenskeim im Wasser, so umgebe und binde ich dich in mir, damit ich lebe.

ॐ Atharva Veda 11.4,26

SCHON IMMER gilt der Atem als das wahre Lebenszeichen. Buchstäblich vom ersten bis zum letzten Atemzug erfahren wir unser Lebendigsein über den natürlichen Fluss des Atems. Meistens halten wir das für so selbstverständlich, dass wir ihn gar nicht bewusst wahrnehmen. Ganz anders die Mystiker in Ost und West. Sie nannten den Atem die „Tür zum Göttlichen" und das erste Geschenk Gottes an uns. „Sammle deinen Geist, binde ihn an deinen Atem!", riet Gregor vom Sinai. Aus diesem Grund ist in alten Sprachen das Wort für Geist sehr oft identisch mit Atem: „atman" (Sanskrit), „ruah" (hebräisch), „pneuma" (griechisch), „chi" (chinesisch), „spiritus" (lateinisch). Nicht wir atmen, der Atem Gottes („prana") atmet in uns allen. Als Ihr treuester Freund und körpereigener Rhythmusgeber ist Ihr Atem darum der beste spirituelle Lehrer für Ruhe und Gewahrsein. Sanftes Atmen fördert Ihre emotionale und geistige Stabilität. Sie gewinnen mehr Klarheit und Präsenz. Achten Sie einmal darauf: Allein schon ein simples Ausatmen mit einem langen Seufzer wirkt sofort auf Ihr Nervensystem. Es baut Nervosität und Spannungen ab. Noch besser ist es, wenn Sie Übung darin haben, in allen möglichen Situationen ohne Anstrengung mit Ihrem Atem mitzuschwingen und seine Wellenbewegung ruhig zu beobachten. Dazu können Sie an den beiden Nasenflügeln „Beobachtungsposten" beziehen. Hier ist es am einfachsten, das Strömen des Atems wahrzunehmen.

ÜBUNG: Atmen Sie in ruhigem Rhythmus ein und aus. Zur Unterstützung können Sie beim Einatmen „Ich bin da" denken und beim Ausatmen „mit allem". Genießen Sie auch die beiden stillen Punkte vor dem Ein- und Ausatmen. Sie bilden erholsame Leerstellen, in denen nichts zu tun ist und vollkommene Ruhe und Klarheit herrscht.

Verbinde dich mit deinem Atem.

Wähle dir ein kurzes Wort. Je kürzer, desto besser eignet es sich zur Bewusstseinsschulung. Hefte dieses Wort an dein Herz, damit es von dort nicht weiche, was immer geschehen mag. Nimm es tief in dich hinein. ✝ Wolke des Nichtwissens, unbekannter Kartäusermönch

DAS INDISCHE WORT „MANTRA" kombiniert die beiden Sanskrit-Begriffe für Geist und Schutz. Ein Mantra ist also eine Art Gehege zum Schutz des Geistes. Es zentriert das Bewusstsein und schottet den Geist gegen das Davonlaufen in alle Richtungen ab. Als Schulungswort wird es gesprochen, geflüstert oder „innerlich ohne Unterlass gebetet", also still im Geist wiederholt. Gute Mantras sind kurz, sie bestehen meist aus wenigen Silben. Dadurch kann man sie mit dem Atem koppeln, was ihre Wirkung verstärkt.

Ihrer Bedeutung nach sind Mantras Platzhalter für das Allumgreifende. Sie zielen auf Hingabe, Friede, Güte, Ehrfurcht, Liebe und Unendlichkeit. Suchen Sie sich ein heiliges Wort, das Sie auf das Höchste ausrichtet. Henry Nouwen riet: „Wähle ein Wort, das dich an die Liebe Gottes erinnert und sie in die Mitte deines inneren Raums stellt wie eine brennende Kerze in eine dunkle Kammer." Bleiben Sie Ihrem Mantra treu, wechseln Sie es nicht. Viele Mystiker des Ostens meditieren mit OM oder Soham („Er ist Ich").

Im Judentum mit Shalom, Amen, Du, Jahwe oder Hashem („der Name"). Im Islam mit Allah, im Christentum mit Christus-Jesus, Maranatha („Unser Herr, komm!"), „Licht vom Licht" oder Ja. Eines der universalen Mantren ist „Ich bin".

ÜBUNG: Wählen Sie sich ein Mantra und suchen Sie sich einen reizarmen Rückzugsort. Stimmen Sie sich auf einen ruhigen Atem ein und wiederholen Sie dann innerlich ohne Unterbrechung Ihr Mantra. Sobald Ihre Gedanken abschweifen, kehren Sie ruhig, aber konsequent zu Ihrem Mantra zurück. Verknüpfen Sie mit dem Mantra keine Erwartungen und Anstrengungen, lassen Sie es wie den Atem einfach da sein. Seine feinen Impulse synchronisieren nach und nach Ihren Geist mit dem tiefen, friedlichen Wesen Gottes.

Finde dein Mantra.

Unsere Verabredung mit dem Leben findet immer im gegenwärtigen Augenblick statt, genau da, wo wir uns gerade befinden. Erfreue dich am gegenwärtigen Moment als dem besten Moment deines Lebens.

Thich Nhát Hanh

WAS DER BUDDHIST Thich Nhát Hanh als freundliche Einladung zum Leben im gegenwärtigen Augenblick formuliert, trägt in der Mystik viele Namen: das heilige Jetzt, Gottes Augenblick, das nackte Nun, der Ankerplatz Gottes im Jetzt, das Sakrament des Augenblicks, der volle Becher Gegenwart, das Auftauchen im Hier und Jetzt, pure Präsenz. Immer geht es darum, dass wir unser Bewusstsein sammeln und nur auf den augenblicklichen Moment konzentrieren. Die Vergangenheit ist vorbei. Die Zukunft ist noch nicht da. Beide sind „Bauwerke" unseres Bewusstseins auf der Basis von Erfahrungen, die an einem einzigen Ort gesammelt wurden: dem Jetzt. Die Gegenwart ist der einzige Raum, den wir haben, um zu erfahren, was wirklich da ist und wer wir wirklich sind. Am besten halten wir uns gleich dort auf.

Alles, was Sie brauchen, ist also nur dieser eine Augenblick, der Ihnen gerade jetzt, in diesem winzigen Moment, seinen ganzen Reichtum anbietet. Werden Sie sich seiner bewusst! Im Grunde müssen Sie nur aufhören, vor diesem wunderbaren Augenblick davonzulaufen. Statt in die Zukunft zu eilen, halten Sie einfach an. Genau jetzt ist alles richtig. Was immer Sie brauchen, um diesen einen Augenblick zu erleben und zu erkunden – es ist in ihm vollständig da. Auch Liebe, Glück, Freude sind Geschenke des erfüllten Augenblicks wie die Gotteserfahrung auch. Um Gott zu begegnen, genügt es also, dem gegenwärtigen Augenblick die Treue zu halten.

ÜBUNG: Atmen Sie ruhig ein und aus, während Sie ein paar Mal zu sich sagen: „Mein Geist und mein Körper weilen ganz im Hier und Jetzt." Lassen Sie sich dabei ins Herz der Gegenwart sinken. Öffnen Sie sich jetzt allem, was unmittelbar in Ihrem Bewusstseinsfeld auftaucht.

Verweile im gegenwärtigen Augenblick.

Übend reduziere unentwegt absichtliches Tun, bis du schließlich beim Nicht-Tun ankommst. Wo Nicht-Tun praktiziert wird, bleibt nichts ungetan. Der Meister tut nichts, und nichts bleibt ungetan. Daodejing

DIESE EINLADUNG zur Selbstregulierung findet sich in vielen Mystik-Schulen. Was der Daoismus „Wu-Wei", Handeln im Nicht-Handeln, nennt, heißt bei Meister Eckart im Christentum „Handeln ohne Warum". Im Islam übt man „wara", die freiwillige Absage an jede unnötige Beschäftigung. Der Psychologe Roberto Assagioli nennt das „spirituelles Annehmen durch persönliches Nicht-Reagieren". Das ist ein dynamischer Akt zur aktiven Umstellung Ihrer Geisteshaltung. Sie blockieren Ihre Erfahrungen nicht. Sie können aber den Sinn eines Geschehens besser erfassen, wenn Ihr Bewusstsein Raum hat, die eigenen Motivationen im Raum des Nichthandelns wahrzunehmen. So können Sie das automatische Agieren nach Gewohnheitsmustern abbauen. Mit der Zeit entsteht ein neues Gespür für uneigennütziges Handeln. Es mindert die Bindung an lieblose Strukturen. Es stellt keine ichbezogenen Berechnungen an. Es schielt nicht nach dem eigenen Vorteil. Es macht Sie selbstloser und freier, es auch einmal anders zu probieren – mit immer mehr Freundlichkeit, Einfühlungsvermögen, Rücksicht oder Weisheit im Umgang mit sich und anderen. Das erhöht Ihre Kompetenz bei der Beurteilung einer Sache und bringt Ihr Handeln in größere Übereinstimmung mit Ihrem eigenen Wesen. Sie haben nun das Gefühl, dass alles seinen natürlichen Lauf nimmt. Die Welt ist im Fluss, wie auch Sie selbst ein fließender Prozess sind, dem es an nichts fehlt. Die „mühelose Mühe" bewirkt, dass „die göttliche Glückseligkeit jede Handlung und jede Wahrnehmung durchdringt" (Sri Ramakrishna).

ÜBUNG: Bevor Sie gewohnheitsmäßig handeln, suchen Sie über ein paar ruhige Atemzüge innerlich Ihren Raum des wachen Nicht-Handelns auf: „Ich kann es auch lassen."

Lerne, nichts zu tun.

O Suchender, wisse, dass der Weg zur Wahrheit in deinem Inneren liegt.

Badruddin von Simawna

13

DER BEGRIFF MYSTIK leitet sich vom griechischen Wort „myein“ ab. Es bedeutet „die Augen schließen und nach innen schauen“. Mystiker bahnen sich also einen Weg vom Äußeren zum Inneren. Bei Meister Eckart ist der „äußere Mensch“ definiert durch den Körper und alles, was unsere zeitliche Persönlichkeit ausmacht. Der „innere Mensch“, der verborgen in uns steckt, ist der „geistige Mensch“, unser wahres zeitlos-geistiges Selbst. Es ist reiner Geist, genau wie Gott reiner Geist und ewig-unendlich ist.

Versuchen Sie darum, Ihr Alltagsbewusstsein als nur einen von vielen möglichen Bewusstseinsbereichen zu betrachten. Sie haben sich daran gewöhnt wie an ein vertrautes Zimmer. Nun entdecken Sie, dass Ihr normales Wachbewusstsein nur ein relativ kleines, abgegrenztes Stück des unendlichen Bewusstseinsfeldes ist, das Ihr Geist erforschen kann. Wenn Sie sich nach innen wenden, können Sie unterscheiden lernen zwischen Ihren Gedanken, Fantasien, Trance und Traum. Sie können beobachten, dass sich die gewöhnlichen Grenzen Ihres Bewusstseinsrahmens durch Stille weiten und ins Grenzenlose ausdehnen lassen. Sie können dabei spontane Flow-Erlebnisse haben und eine enorme Energie verspüren, die alles durchdringt.

ÜBUNG: Schließen Sie die Augen und finden Sie zu einem wachen und gleichzeitig völlig entspannten Zustand. Zur Unterstützung wiederholen Sie dabei für sich den Satz von Francisco de Osuna: „Nur durch die Tür, die Wendung nach innen heißt, kommt Gott in die Seele.“ Stellen Sie sich vor, dass Sie behutsam in Ihren Körper hineinsinken, bis Sie vor der Tür Ihres Herzens stehen. Legen Sie sanft die Hände auf und bitten Sie um Einlass. Öffnen Sie die Tür, lassen Sie beim Eintreten bewusst alle Gedanken und Wünsche hinter sich. Schließen Sie die Tür und verweilen Sie in diesem Raum, der ganz Ihnen gehört. Er wird Sie verwandeln.

Wende dich nach innen.

Der Herr wohnt in der Herzgegend aller Wesen.

ॐ Bhagavad Gita 18, 61

WENN SIE sich nach Ihrer Berufung fragen, welchem Ruf wollen Sie folgen? Auf was wollen Sie hören? Gilbert von Hoylands Rat lautet: „Nicht die Stimmen von Ehrgeiz, Habsucht, Unruhe, Überheblichkeit sollen deinen Geist aufschrecken. Schlage alle diese Stimmen in den Wind, sie raten dir nichts Gutes. Steh nur auf, wenn du die Stimme deines Geliebten hörst." Die Stimme dessen, was Sie zutiefst lieben, kann nur Ihr eigenes Herz hören. Es ist ein großartiges Erkenntnisorgan für die Stimmigkeit Ihres persönlichen Weges. Bernhard von Clairvaux: „Richtet das Ohr eures Herzens auf die innere Stimme. Bemüht euch, mehr auf das zu achten, was Gott im Inneren zu euch sagt, als was euch von außen ein Mensch zuspricht. Denn diese innere Stimme ist die überwältigende und starke Stimme, die Wüsten erschüttert, verschlossene Bereiche sprengt, starre Seelenpanzer durchbricht. Im Grunde bedarf es keinerlei Anstrengung, um für diese Stimme empfänglich zu werden. Eher kostet es Mühe, seine Ohren so zu verstopfen, dass man sie nicht mehr hört." Lauschen Sie der Stimme Ihres Herzens – wie es nach dem Sinn des Lebens fragt, nach einem Gegenüber ruft, vor Freude singt. Je länger Sie Ihrem Herzen zuhören, desto klarer hören Sie die Stimme, die Ihren innersten Grund berührt. Achten Sie auch darauf, worüber Ihr Herz klagt. Verletzen Sie vielleicht unter Stress Ihre eigenen ethischen Prinzipien? Sie trüben damit den „klaren Spiegel" Ihres Herzens. Je mehr Sie auf Ihre Herzensstimme hören, desto aufrichtiger und gesünder leben Sie. Lassen Sie sich wie Konfuzius sanft korrigieren: „Mit siebzig endlich gelang es mir, der Stimme meines Herzens zu folgen und das, was ich begehrte, übertrat nicht mehr die Grenzen des Rechten."

ÜBUNG: Wählen Sie heute als inneren Begleiter einen Herzöffner-Satz aus der jüdischen Tradition: „Mein Herz ist bereit, o Gott, mein Herz ist bereit!" (Psalm 57,8)

Lausche auf die Stimme des Herzens.

Alle Menschen haben Zugang zu Gott, aber jeder einen anderen.

Martin Buber

15

RABBI MENDEL VON KOZK diskutierte einmal mit einigen gelehrten Männern über die Frage, wo Gott wohnt. Sie fanden die Frage zum Lachen, weil schließlich die ganze Welt voll von Gottes Herrlichkeit sei. Das ist natürlich eine sehr korrekte, allgemeine Antwort, die auf jeden Fall passt, wenn man mit einem Mystiker spricht. Aber Rabbi Mendel verblüffte seine Gesprächspartner mit einer ganz anderen Antwort: „Gott wohnt dort, wo man ihn einlässt!" Hier kommt man nicht mehr mit allgemeinen Weisheiten weiter: Es geht um unsere ganz persönliche Offenheit oder Empfänglichkeit für das Göttliche.
Die Art und Weise, wie wir Gott oder das Unendliche am leichtesten in unser Herz ziehen, ist tatsächlich sehr unterschiedlich. Vertrauen Sie darum auf Ihr inneres Gespür. Was macht Ihr Herz weit? Wo verspüren Sie ein Plus an Lebendigkeit, Energie, Lebensfreude, Glück oder Ehrfurcht? Wann sind Sie für den Zauber des Daseins am empfänglichsten? Öffnen Sie sich leichter in Gemeinschaft oder alleine? Mit Musik oder ohne? Erwacht Ihr Geist leichter mithilfe eines Textes, im Gespräch mit einem spirituellen Lehrer oder in der Natur? Gehen Sie zurück zu diesen schon erlebten Ausgangspunkten Ihrer Empfänglichkeit und erforschen Sie, wie genau sich das Öffnen innerlich für Sie angefühlt hat. Verankern Sie sich in diesem guten und ganz persönlichen Gefühl. Es ist verknüpft mit der seelischen Kraft in Ihnen, die ganz und gar für Gottes Unendlichkeit empfänglich ist.

ÜBUNG: Entspannen Sie, so oft es geht, absichtslos in die größtmögliche Offenheit und Weite hinein. Tun Sie es im vollen Bewusstsein darüber, dass genau hier, wo Sie gerade stehen, der Ort ist, wo das Höchste in Sie einströmen oder aus Ihnen herausströmen kann. Schalten Sie nun einfach nur auf Empfang und genießen Sie die offenen Grenzen mitten in Ihrem persönlichen Bewusstsein.

Mach dich empfänglich.

Widmet so viel Zeit, wie es nur geht, der Versenkung in die Tiefen eures Bewusstseinsfeldes und bleibt mit aller Konsequenz wach bei euren spirituellen Übungen.

Paulus von Tarsus, Epheser 6,18

16

FÜR MYSTIKER gleicht die Matrix unserer Alltagsrealität einem geistigen Dauerschlaf, aus dem wir erwachen sollen. Das betrifft nicht Ihr Alltags-Ich, mit dem Sie die Welt betrachten, Ihre Sinneseindrücke sortieren, rationale Entscheidungen treffen und zielorientiert handeln. Aufwachen soll eine andere Schicht Ihres Bewusstseins, im Hinduismus „buddhi" genannt. Sie operiert nicht trennend wie unser logischer Verstand. Anstatt alles in „dies" und „das" zu zerlegen, öffnet „buddhi" die Wahrnehmung für die Zusammengehörigkeit aller Erscheinungen. Sie erzeugt eine intuitive Erweiterung Ihres Bewusstseins. Sie merken, dass Sie immer mehr „Hintergrund"-Wahrnehmungen einbeziehen können und einen Blick auf das Ganze bekommen. Sie entwickeln eine transrationale Perspektive oder intuitive Geistesgegenwart. Man könnte es auch das Anschwellen eines heiligen Bewusstseinsfeldes oder das Wirken des Heiligen Geistes nennen. Auf dieser Basis beginnt man, das in allem wirkende Eine, die Allgegenwart Gottes wahrzunehmen.

Ein unglaubliches Geheimnis wartet auf Entdeckung: „Wach auf, der du schläfst, steh auf aus Deiner Unbewusstheit, so wirst du die Christuserleuchtung erfahren." (Epheser 5,14) Oder mit den Worten des Ostens: „Wenn der Mensch zum Erwachen aus dem Schlaf des Selbst zur inneren Anschauung und so zur Vollkommenheit des Bewusstseins gelangt, wird er zum Buddha." (Rabindranath Thâkur) Darum heißt es in der Mystik nicht nur „Wach auf, meine Seele, wach auf!" (Psalm 57,9), sondern auch: „Schlaf nicht wieder ein. Schlaf nicht wieder ein!" (Dschelaleddin Rumi)

ÜBUNG: Richten Sie Ihren Geist täglich neu auf das Wachsein aus: „Ich möchte heute Moment für Moment wach, offen und gegenwärtig sein." Welche Körperhaltung unterstützt Sie dabei?

Wach auf. Wach auf. Wach auf!

Ich habe das Gefäß meines Herzens in diese schweigende Stunde getaucht. Es hat sich mit Liebe gefüllt.

ॐ Rabindranath Thâkur

17

WENN MYSTIKER sich in Schweigen hüllen, gleicht ihre Sprachlosigkeit der von Liebenden. „Die Hauptübung mystischer Praxis ist das Zwiegespräch des Schweigens; das Auge spricht zum Auge, das Herz zum Herzen, und niemand versteht, was gesprochen wird, außer die heiligen Liebenden, die miteinander reden.“ (Franz von Sales) Das Schweigen führt beide in den Raum zurück, in dem alles eins ist. Reden würde diese Erfahrung nur in „mein“ und „dein“ zerstückeln. Im Schweigen dagegen bleiben das Ich und Du der Liebenden zusammen. Dank der Einheit der Liebe lesen sie unermüdlich in der Seele des anderen. Genauso verbinden sich Mystiker am inneren Ort des Schweigens. Sie erfassen „ohne Sprache und ohne Worte, mit unhörbarer Stimme“ (Psalm 19,4) das Wesentliche im anderen.

Dazu eine Geschichte: Eines Tages begegneten sich die beiden islamischen Mystiker Ibn Arabi und Suhrawardi. Schweigend setzten sie sich gegenüber und versanken in Kontemplation. Hinterher gingen sie auseinander, ohne ein einziges Wort gewechselt zu haben. Später fragte man Ibn Arabi über Suhrawardi aus. Ibn Arabi antwortete: „Dieser Meister verkörpert mit jeder Faser seines Seins die höchste Wahrheit.“ Dieselben Leute befragten auch Suhrawardi. Er antwortete: „Der Meister Ibn Arabi ist ein Ozean der göttlichen Liebe.“ Das Schweigen brachte beide in der Tiefenwelt des wechselseitigen Erkennens und Liebens zusammen. Dort offenbarte sich ihnen nicht nur die Essenz des anderen, sondern auch die Quelle aller Liebe, der göttliche Urgrund selbst.

ÜBUNG: Augustinus gab in seinen Bekenntnissen den Rat, das Schweigen von außen nach innen zu üben. Wie beim Zen empfahl er zuerst das „Schweigen des Körpers durch ruhiges Sitzen“. Erkunden Sie mithilfe Ihres ein- und ausströmenden Atems das Schweigen des Körpers von innen. Womit füllt sich das Gefäß Ihres Herzens?

Übe dich im Schweigen.

Wenn der Pilger einen tugendhaften und weisen Gefährten findet, möge er freudig mit ihm gehen und die Gefahren des Weges gemeinsam überwinden. Buddha

SPIRITUELLER AUSTAUSCH und eine vertrauensvolle Gemeinschaft sind großartige Geschenke auf dem mystischen Pfad. Auch spirituell orientierte Menschen benötigen Rückmeldung, Korrektur, Verständnis, Halt oder Trost. Gemeinsam können spirituelle Gefährten ihre Erfahrungen teilen und füreinander Stütze und Wegweiser sein.

Sehen Sie sich also bewusst nach spirituellen Freunden um. Allerdings sollten Sie Buddhas Rat ernst nehmen: Von Ihren spirituellen Weggefährten dürfen Sie tatsächlich in ethischer und moralischer Hinsicht Integrität erwarten. Also schauen Sie von Anfang an genau hin! Ihre „Mitpilger“ im Land der Mystik sollten bei Ihnen keine ambivalenten Empfindungen auslösen. Sie sollten sich auch nicht ausgenutzt oder getäuscht fühlen. Prüfen Sie, ob Sie einander ebenbürtig sind, um miteinander Schritt halten zu können. Gute Weggefährten rufen wechselseitig Tiefe hervor. Die gemeinsamen Gespräche werden gehaltvoll sein, Ihnen gut tun und Ihr Bewusstsein erweitern. Leere Worte, fromme Formeln oder Angeberei mit besonderen spirituellen Erlebnissen sind kontraproduktiv. Der Buddha rät an diesem Punkt zur Nüchternheit: „Geh lieber allein als in Gesellschaft eines Narren.“ Natürlich ist kein Mensch vollkommen. Aber gute spirituelle Gefährten helfen sich gegenseitig, ihre Fehler anzuschauen, an ihnen zu wachsen und zu reifen. Eine kluge Praxis der wechselseitigen Förderung können Sie sich bei Konfuzius abschauen. Eifern Sie den guten Seiten Ihrer Gefährten nach und berichtigen Sie deren schlechte Seiten bei sich selbst.

ÜBUNG: Wem könnten Sie ein Gefährte auf dem Weg der Bewusstwerdung sein? Wer waren bisher Ihre Begleiter und spirituellen Gesprächspartner? Wer war Ihnen heute ein freundliches und waches Gegenüber?

Halte Ausschau nach spirituellen Gefährten.

Wer Gott sucht, der sitzt im Schatten seiner Buße.
Wen Gott sucht, der sitzt im Schatten seiner Unschuld.

Husain Ibn Mansur Al Halladj

19

SCHATTENANTEILE sind persönliche Eigenschaften und Verhaltensmuster, die wir „in den Schatten verschoben" haben und darum nicht mehr an uns selbst erkennen können. Wir verdrängen sie oder projizieren sie auf andere. Die negativen Aspekte tummeln sich nun hinter unserem Rücken. So sind sie für uns zwar unsichtbar, also unbewusst geworden, verursachen aber trotzdem seelisches Leid und Schmerz. Das ist die Entfremdung, die uns vom göttlichen Ganzen in uns und anderen trennt. Sie blockiert das volle Gewahrsein im Jetzt. Schattenanteile binden Kraft, reduzieren Energie und blockieren kreative Lösungen. All das stört unsere Reifungsprozesse und mindert die Früchte der Meditation. Die Lösung heißt, die verstoßenen Stiefkinder der eigenen Psyche zu uns zurückzuholen. Wenn wir sie anschauen und wieder als seelische Anteile von uns anerkennen, reduziert sich ihre Macht. Das Ergebnis gelungener Schattenarbeit ist eine vertiefte und zu sich selbst erwachte Persönlichkeit. Da wir bis zum letzten Atemzug reifen können, hört die Schattenarbeit nie auf.

ÜBUNG: Machen Sie Ihre Schatten ausfindig. Wo spüren Sie innere Abwehrreaktionen und Widerstand? Welche unangenehmen Emotionen tauchen in Ihnen bei bestimmten Menschen oder Themen auf (oft: Macht, Geld, Sex)? Atmen Sie ruhig durch und konfrontieren Sie sich mit einem Gefühl. Schreiben Sie Ihre Erfahrungen damit auf. Führen Sie dann einen inneren Frage-Antwort-Dialog mit dem Gefühl. Woran will es Sie erinnern? Wofür steht es eigentlich? Identifizieren Sie sich vollständig mit dieser ursprünglichen Emotion: Ich bin das. Was im Schatten war, rückt ins Licht. Jetzt können Sie sich damit auseinandersetzen, nach Lösungen suchen. Sie transformieren damit das Gefühl und können es schließlich loslassen.

Erkenne deinen Schatten.

Wie ein Pferd seine Mähne freischüttelt, habe ich alles Böse abgeschüttelt. ॐ Chandogya Upanishad, VIII 13,1

DIE UNHEILVOLLE VERBINDUNG von Religion und Gewalt scheint ein unausrottbares Übel zu sein. Dabei findet sich in den heiligen Texten aller Religionen eine Leuchtspur der Gewaltlosigkeit. „Hass endet nie durch Hassen, sondern durch Freundschaft. Das ist eine ewige Wahrheit. Überwinde also den Ärger durch Liebe, Böses durch Güte", lehrte der Buddha. Für Juden gilt: „Wer dem Geringen Gewalt antut, lästert dessen Schöpfer. Lass ab vom Bösen und tu Gutes!" Jesus predigte: „Tut niemandem Gewalt oder Unrecht! Überwindet das Böse mit Gutem!" Auch im Koran heißt es: „Gut und Böse sind nicht gleich. Weise das Böse mit etwas zurück, das besser ist. Und siehe, bald wird derjenige, mit dem du verfeindet warst, ein warmherziger Freund für dich sein." Durch den Hindu Mahatma Gandhi wurde deutlich, dass Ahimsa, die Gewaltlosigkeit, ein Befreiungsprojekt des Bewusstseins ist. Gewaltlosigkeit ist ein Akt Ihres freien Willens. Sie selbst entscheiden sich dafür, das humane Gesetz der unbedingten Gewaltlosigkeit wieder und wieder an oberste Stelle zu setzen. Das tägliche Gebet der Gewaltlosigkeit lautet: „Ich will bei der Wahrheit bleiben. Ich will mich keiner Ungerechtigkeit beugen. Ich will frei sein von Furcht. Ich will keine Gewalt anwenden. Ich will guten Willens sein gegen jedermann." Dazu gehören Respekt, Sanftmut, Einfühlung in eigene sowie fremde Bedürfnisse und Gefühle, außerdem würdigende Sprache, Ehrlichkeit und aufrichtiges Bedauern bei Missverständnissen. So lernen Sie, Ahimsa als Schutzschirm gegen das Böse bei sich und anderen anzuwenden. Besser können Sie gar nicht zu Ihrem eigenen und zum Wohlergehen aller beitragen.

ÜBUNG: Üben Sie zu Beginn mit der einfachen buddhistischen Regel: „Auf mich selbst achtend, achte ich auf den anderen. Auf den anderen achtend, achte ich auf mich selbst."

Meide die Gewalt und was anderen schadet.

Im inneren Leben dürfen wir nie unsere Erfahrungen als Maßstab für alle anderen Menschen nehmen.

Die Wolke des Nichtwissens, unbekannter Kartäusermönch

21

DAS NICHT-URTEILEN ist ein mystisch inspiriertes Gebot geistiger Friedfertigkeit. Es kann uns vor uns selbst retten und den Blick auf andere klären. Beginnen wir damit, die urteilenden Instanzen in unserem eigenen Inneren zu überprüfen. Selbst unsere ausgewogensten Urteile basieren auf unserer begrenzten Wirklichkeitswahrnehmung. Sie hängen von dem ab, was wir gerade wissen oder nicht wissen. Sie sind beeinflusst von dem Zeitpunkt, zu dem wir sie fällen, und von den Umständen, in denen wir uns befinden. Unsere Bewertungen bescheren uns eine Menge emotionaler Unruhe und verengen auch unseren Blick auf andere. Betrachten Sie darum einen Eindruck von einer Sache oder einem Menschen immer als etwas Vorläufiges und Unvollständiges, an dem Sie nicht festhalten wollen. Lassen Sie sich durch den Wüstenvater Abba Agathon inspirieren. Wenn sein Herz über etwas urteilen wollte, sprach er zu sich selbst: „Agathon, tu das nicht!" Und so kam sein Denken zur Ruhe. Agathons freundliche Selbsterinnerung an die Praxis des Nicht-Urteilens half ihm, das automatische Urteilen und Selbst-Verurteilen zu unterbrechen. So konnte er sich entlasten und zur inneren Bewusstseinsruhe zurückkehren. Gewöhnt sich der Geist an diese innere Ruhe, will er diesen Frieden bewahren. Darum können Mystiker diese bewertungsfreie Akzeptanz anderen Menschen nicht vorenthalten. Agathons simple Regel dafür lautete: „Ich habe mich nie zur Ruhe gelegt, solange ich gegen einen etwas hatte."

ÜBUNG: Wenn Sie sich auf frischer Tat beim Urteilen über andere ertappen, entbinden Sie diesen Menschen mit den Worten des Sufis Al Halladj: „Ich erkläre Dich frei von allem, was Deine Freunde und Deine Feinde insgesamt sagen." Sie werden spüren, dass Sie selbst freier werden.

Verurteile weder dich noch andere.

Allein sitzend, allein ruhend, allein umhergehend, frei von Trägheit; wer tiefe Einsicht in die Wurzeln des Leidens hat, genießt großen Frieden, wenn er in Einsamkeit weilt. Buddha

EINER DER GRÖSSTEN FREUNDE der Einsamkeit war der deutsche Philosoph Arthur Schopenhauer. Er erklärte nach dem Studium buddhistischer Texte die Einsamkeit zu einer „Goldmine“ für alle Abenteurer des Geistes. Statt Angst vor dem Alleinsein zu haben, solle man sich lieber zeitig damit vertraut machen. Statt vor sich selbst zu fliehen, könne man in der Einsamkeit lernen, bei sich selbst zu bleiben. Schopenhauer war von der guten Wirkung überzeugt: „Nur in der Einsamkeit kann jeder ganz er selbst sein; in ihr allein ist Freiheit.“ Wer dagegen unentwegt Ablenkung oder Anregung braucht, ist nicht frei, sondern von äußeren Einflüssen abhängig. Testen Sie einmal, wie lange Sie alleine (und ohne Handy!) an einem stillen Platz sitzen bleiben können, ohne dass etwas passiert. Ab wann werden Sie unruhig? Nach zehn Minuten? Dann sind Sie noch nicht sehr tief in Ihre Goldmine eingestiegen, sondern nahe am Eingang hängen geblieben. Halten Sie es drei Stunden aus? Dann wissen Sie vermutlich schon, wo neben den unvermeidlichen rauen Kanten des Leids die Goldadern in Ihrem Inneren verlaufen. Und Sie wissen, was Sie in der Stille beim Abbau Ihres verborgenen Goldes gewinnen: den großen Frieden des Herzens, eine unerschütterliche Gelassenheit und innere Ruhe.

ÜBUNG: Betrachten Sie sich als spirituellen Schatzsucher. Stecken Sie sich wie die Goldgräber dafür einen „Claim“ ab, einen festen Ort und eine bestimmte Zeitspanne, in der Sie allein sind. Hier üben Sie sich darin, mit sich selbst von innen her vertraut zu werden. Fangen Sie ruhig klein an, sich in Ihre Tiefen vorzutasten. Sie folgen, so wie alle Mystiker in Ost und West, einer göttlichen Spur und haben gleichzeitig auch die volle Verantwortung für Ihren eigenen spirituellen Weg übernommen.

Scheue dich nicht vor Einsamkeit.

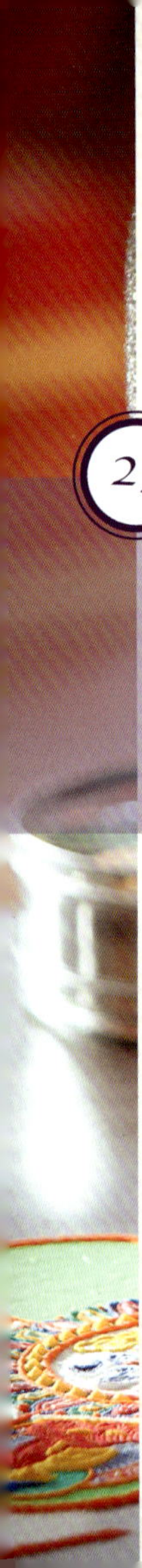

Übe täglich. Selbst wenn du Durststrecken oder vermeintliche Rückschläge beim Meditieren erlebst, halte durch und gib nicht auf! — Teresa von Avila

23

BEI DEN MYSTIKERN stößt man unweigerlich auf zwei sehr langweilige Vorschläge für die spirituelle Praxis: Ausdauer und Geduld. Die meisten sind auch so ehrlich, zuzugeben, dass sie selbst damit immer wieder Probleme hatten. Geduld ist bekanntlich deshalb eine so schwierige Tugend, weil man so viel Geduld braucht, um sie zu entwickeln. Der Trick ist letztlich, dass Sie lernen, mit Ihrer Ungeduld geduldig zu sein. Drei Dinge helfen Ihnen dabei: 1. Rechnen Sie mit öden Phasen, aber lassen Sie sich keineswegs davon beeindrucken, wenn Sie gerade mal eine durchlaufen. 2. Verzichten Sie einfach darauf, zu glauben, dass man immer begeistert, beschwingt und beflügelt bei der Sache sein kann. Niemand kann das. 3. Definieren Sie sich selbst als laufenden Prozess und freunden Sie sich mit dem Göttlichen als unserem Werdenkönnen an, wie es der Mystiker und Philosoph Nikolaus von Kues vorschlug. Dann können Sie schon den leisesten Wunsch nach mehr Geduld und Ausdauer frohgemut als Zeichen Ihres inneren Wachstums verbuchen. Bleiben Sie also dran! Ihr Geist bewegt sich dann weiter in Richtung Unendlichkeit, vielleicht zwischendurch im Schneckentempo, aber er tut es. Denn er weiß: Wo all das Gute herkam, das Sie bisher erfahren haben, gibt es noch unendlich mehr davon.

ÜBUNG: Über den Wüstenvater Abbas Pior heißt es: „Jeden Tag machte er einen neuen Anfang." Nutzen Sie dafür die alte Mönchstechnik des täglichen positiven Einredens: „Ich habe es bis hierher geschafft. Nur für heute gehe ich einfach einen kleinen Schritt weiter. Das reicht. Nichts kann mir meine Bestimmung wegnehmen. Ich bewege mich darauf zu, auch wenn ich es nicht dauernd merke." Damit fallen Sie nicht in ermüdende Routine, sondern praktizieren furchtlosen, geduldigen „Anfängergeist".

Entwickle Ausdauer.

Da ist in unserem Innern das dunkle Licht. Wie eine Magnetnadel, so wendet sich die Seelenspitze unaufhörlich ihm zu und richtet sich nach ihm. Albert Peyriguère

JE MEHR Sie sich auf Ihre spirituelle Suche einlassen, desto deutlicher spüren Sie vermutlich, dass im Grunde eine starke Anziehungskraft auf Sie einwirkt. Ähnlich wie eine Magnetnadel sich immer in Richtung Nordpol ausrichtet, fängt Ihr Innerstes an, zum göttlichen „Kraftfeld des Hinweggerissen-Werdens" (Franz von Sales) zu streben. Anfangs geschieht das oft unbewusst. Nach und nach aber entwickeln wir ein intuitives Gespür für die Richtung und unsere Sehnsucht liefert Energie für den mystischen Weg.

Manche Mystiker vergleichen sich mit kosmischen Pilgern, deren Heimkehrinstinkt sie hinaustreibt auf die Suche nach der wahren Heimat, der goldenen Stadt, der Sonne aller Sonnen. Andere sehnen sich wie Liebende zurück in die Arme Gottes, für den sie zärtliche Namen und betörende Liebesworte haben. Sie verzehren sich in ihrer Hingabe und wissen doch, dass nur diese radikale Liebe ihrem wahren Wesen entspricht und sie glücklich machen kann. Wieder andere stürzen sich als unerschrockene Tiefseetaucher des Bewusstseins in ihr eigenes Inneres. Ihre Sehnsucht fungiert dabei wie ein Senklot hinab zum absoluten Ruhepunkt, dem vollkommenen Frieden auf dem Seelengrund. Alle fühlen sich von etwas angezogen, das unendlich größer ist als wir selbst und zugleich unsere innerste Mitte ist. Niemand kann Ihnen den Weg dorthin abnehmen. Nicht Ihr Gesellschafts-Ich, sondern Ihr tiefstes Wesen weist Ihnen den Weg. Folgen Sie also Ihrer Sehnsucht, dem Wunsch und Lockruf der Seele ohne Zögern. Nichts wird Sie froher machen.

ÜBUNG: Richten Sie Ihre spirituelle Magnetnadel jetzt bewusst auf Gott, das unendliche Eine als höchsten Attraktor, der uns anzieht und zugleich entgegenkommt. Was ersehnen Sie sich am meisten? Schreiben Sie es auf, es gibt Ihrer Sehnsucht einen Namen.

Folge deiner Sehnsucht.

Wer sich von seinen Begierden beherrschen lässt, erstickt seine eigene Seele. Es kann jeden Augenblick eine neue Karawane und eine neue Prüfung kommen.

Fariduddin Attar

TAGTÄGLICH erreichen uns durch die Medien gigantische Karawanen voller Verlockungen, die unsere Begierde wecken wollen. Werbespots versprechen uns mehr Schönheit, Anerkennung, Sicherheit oder Genuss. Wenn wir etwas begehren, erlebt der egozentrische Teil unseres Wesens eine emotionale Stimulation. Das Mehr-haben-wollen vermittelt uns ein trügerisches Gefühl von Mehr-wert-sein-können. So vermehrt sich unser Besitz und wird zur seelischen Belastung. Unsere Wünsche haben uns mit den Stricken der Ichbezogenheit an die unendliche Karawane des Habenwollens gebunden. Der mystische Weg geht genau umgekehrt: Das Ablassen von Wünschen und das Loslassen von materiellem Besitz wird zur spirituellen Befreiung des Selbst.

Attar erzählt dazu die Geschichte zweier Reisender. Ein Meister und sein Jünger kommen an den Rand eines dunklen Tals mit zwei Wegen. Der Jünger hat heimlich Geld mitgenommen und bekommt Angst vor Räubern. So fragt er den Meister: „Welches ist der sichere Weg?“ Dessen Antwort lautet: „Wirf das Geld weg, dann bist du frei, jeden Weg zu gehen, den du willst.“ Wer nichts hat, muss auch keinen Verlust fürchten. Die mystische Armut entbindet das Ich von seinem gierigen Anhaften an die Dinge. Losgelöst davon atmet die Seele auf und kann wieder ihre innere Essenz und Fülle wahrnehmen.

ÜBUNG: Lassen Sie vor Ihren Augen die Karawane Ihres Besitzes vorüberziehen. Nehmen Sie die Last auf dem Rücken der Tiere wahr. Von welchem konkreten Besitz wollen Sie sich verabschieden? Sie können beim Abladen jeden Gegenstand freisprechen: „Danke, dass du mir gedient hast. Ich brauche dich nicht mehr.“ Laden Sie so viel wie möglich ab und lassen Sie die Karawane erleichtert weiterziehen.

Halte nichts fest. Lass los, was dich bindet.

Nicht außerhalb, nur in sich selbst soll man den Frieden suchen. Wer die innere Stille gefunden hat, der greift nach nichts, und er verwirft auch nichts. Buddha

OB IN OST oder West, Mystiker verlagern ihr Bewusstsein irgendwann in die „Wohnung der Stille". Diesen Umzug ihres Geistes erreichen sie durch systematische Reizverarmung. So werden sie kaum abgelenkt. Sie leben in möglichst einfachen Strukturen. So reduzieren sie die ständige Bewegung des Geistes. Die „Wohnung der Stille" ist also eine Art mentales Vakuum, in dem nichts passiert, außer dass der Geist seine eigene Stille wahrnehmen kann. In dieser stillen Klarheit „greift er nach nichts" und „verwirft auch nichts", wie der Buddha lehrt. Hindus sprechen vom „Zur-Ruhebringen der Bewegungen der inneren Welt durch Stille" (Patanjali, Yoga-Sutra I,2). Die Vielheit der Welt versinkt in der Einheit einer von Ruhe und Stille erfüllten Wirklichkeit.

Die Stille selbst bleibt immer still und offen. Sie ist das Ende aller Anstrengungen. Sie ist zeitlos und unvergänglich. Sie ist immer da. Sie nimmt alles an. Sie ist der unendliche Hintergrund aller Erscheinungen. Sie ist die offene, ewige Weite mitten in unserem Inneren und durchdringt alles.

ÜBUNG: Der Hinduchrist Sadhu Sundar Singh schlug eine Quallenmeditation vor, um sich der Bewusstseinsstille zu nähern. Quallen sind so zart, dass schon ein leichter Wellenschlag sie in Stücke zerreißen kann. Beim kleinsten Anzeichen eines Sturmes sinken sie tief zum stillen Meeresgrund hinab, wo Sturm und Wellen ihnen nichts anhaben können. Stellen Sie sich vor, dass die Stille Ihr Bewusstsein durchdringt wie das Licht den transparenten Körper einer Qualle. Sobald Sie eine Emotion wahrnehmen, sinken Sie wie eine schwerelose Qualle in das Meer der unendlichen Stille hinab. Spüren Sie die beinahe körperlose Entspannung und den vollkommenen Frieden. Sie sind Stille, durchlässig für Stille.

Wohne in der Stille.

Es geht darum, das eigene Innere in eine weite, leere Ebene zu verwandeln, damit etwas von Gott und etwas von der Liebe in dich eindringen kann. Etty Hillesum

IN EINEM KURZEN ZEN-GLEICHNIS erzählt ein Mönch voller Freude: „Als mein Haus abbrannte, behinderte nichts mehr meine Sicht auf den nächtlichen Mond." Das hört sich vermutlich für Ihren vernünftigen Verstand dumm an, solange Sie es nicht als symbolisches Bild für das Leerwerden Ihres Bewusstseins verstehen. „Mein Haus" steht für alles, was Sie mit Ihrem Ich verbinden, Ihre Gedanken, Pläne, Selbstkonzepte. Solange Sie an diesem selbstgebauten Haus festhalten, sperren Sie Ihr Bewusstsein in einen sehr begrenzten Raum ein. Der Blick auf den „nächtlichen Mond", das unendliche innere Licht, bleibt verstellt. Das Gegenmittel der Mystiker heißt: Armut des Geistes, freiwilliges Leerwerden. Sie fahren alle ich-zentrierten Anhaftungen drastisch zurück. Nach und nach verwandeln sie damit das eigene Bewusstsein in eine „weite, leere Ebene". Wenn Sie das praktizieren, können Sie entdecken, wie sich Ihr Bewusstsein in seine ursprüngliche Unendlichkeit hinein entspannt. In alle Richtungen ist grenzenlose Weite und Freiheit erfahrbar. Je mehr Leere oder innere Armut, desto größer Ihr Raum, um die All-Einheit in einem einzigen Moment spontan zu erfassen. So können Sie auch Jesu Wort „Selig sind, die arm im Geiste sind, denn ihnen gehört das Himmelreich" neu verstehen als Appell an mentales Leerwerden: „Glücklich sind die, deren Bewusstsein leer ist. Sie haben ihren Geist in einen unendlich weiten Raum für Gott verwandelt. Sie erfassen ihn unmittelbar." Durch Leerwerden geht uns ein Licht auf – die Erleuchtung.

ÜBUNG: Meditieren Sie reizarme, leere Räume – abgeerntete oder schneebedeckte Felder, die Oberfläche eines stillen Sees, Sanddünen in der Wüste, den leeren Himmel bei Tag und Nacht oder eine nackte Wand. Lassen Sie sich von der Leere in Richtung Unendlichkeit ziehen.

Nimm deine Armut an. Werde leer.

Alles in der Welt muss die Ebene von Nichts erreichen. Erst dann kann es sich zu etwas anderem verwandeln.

Dow Bär von Mesritsch

SEELISCHE WANDLUNGSPROZESSE sind eine sensible Angelegenheit. Irgendwann beschleicht einen das Gefühl, dass man nicht mehr genau weiß, wo man steht und wer man ist. Die Infragestellung des Ich ist auf dem mystischen Weg durchaus erwünscht. Mystiker üben das bewusst. Durch „N-ich-ten", also Nicht-Ich-sein, geben sie die Identifikation mit dem Alltags-Ich auf. So gelangen sie zur „Ebene des Nichts", dem unbegrenzten Möglichkeitsraum für Bewusstseinserweiterung und spontane Gotteserfahrung. „Der Weg des Friedens und des Lichts, der geht, versteh mich recht, durchs Nichts, durchs Nichts, durchs Nichts", reimte Gerhard Tersteegen. Gehen Sie weg vom Ich. Immer wieder. Auch wenn es sich als hartnäckiges Hindernis auf Ihrem Weg zu Gott erweist, geben Sie nicht auf. Wo Gott wirken soll, braucht er dazu nichts als das Nichts. Wo nichts in Ihnen ist, ist Gott alles für Sie. Zum geheimnisvollen Nichts hier noch eine Geschichte aus der jüdischen Mystik: Rabbi Ahron von Karlin wurde einmal gefragt, was er denn bei seinem berühmten spirituellen Lehrer, dem großen Maggid, gelernt habe. „Garnichts", war die Antwort. Erst als man in ihn drang, das zu erklären, fügte er hinzu: „Das Garnichts habe ich gelernt. Den Sinn des Garnichts habe ich gelernt. Ich habe gelernt, dass ich gar nichts bin und dass ich doch bin."

ÜBUNG: Schreiben Sie eine „Ich-bin ..."-Liste mit Definitionen Ihres Ichs (Alter, Beruf, Nationalität, Status, Titel, Rollen, Eigenschaften ...). Lesen Sie es sich laut vor. Schreiben Sie eine zweite Liste, bei der Sie alles verneinen: „Ich bin nicht ... – ich bin frei davon." Sie praktizieren so Nicht-Identifikation nach Meister Eckart: „Richte dein Augenmerk auf dich selbst. Und wo du dich findest (definierst), da lass ab von dir; das ist das Allerbeste."

Wende Dich dem Nichts zu.

Der Weise nimmt das Leiden an, denn Leiden wird leicht ausgelöst: durch die Vergänglichkeit von allem – auch von wertvollen oder dauerhaften Dingen. Patanjali

WER BEWUSST ein spirituelles Leben führen will, wendet sich dem Guten zu – und gerät früher oder später in eine unvermeidliche Kollision mit Leid. Als schmerzliche Abwesenheit von Gutem und Glück sind Leid und Unglück in die Textur dieser Welt eingewebt. Auch Mystiker sind damit konfrontiert. Aber sie erforschen das Leid, seine Ursachen und Wirkungen auf ihre Seele sorgfältig und bewusst. So wird für sie das Leid zu einem Lehrmeister und Wegweiser für Transformation. Ihre Maxime lautet: „Jedes Leben hat sein Maß an Leid. Wehre dich – wie Jesus – nicht gegen das Leid, das dir zugeteilt ist." Manchmal, sagt Buddha, bewirkt eben dieses unser Erwachen. Darum sahen viele Mystiker im Rückblick darin „das schnellste Tier, das dich zur Vollkommenheit trägt" (Meister Eckart). Versuchen Sie, zwischen kleinen und großen Leiden zu unterscheiden. Ihre kleinen Ego-Leiden basieren auf Enttäuschungen und Frustrationen, weil Sie nicht bekamen, was Sie wollten. Durch Leiden wird diese selbstbezogene Schicht wieder von der Seele abgeschmirgelt. Das große Leiden dagegen fühlen Sie als großen Schmerz, der sich nicht um Sie selbst dreht, sondern Sie mit dem großen Ganzen verbindet. Hier tragen Sie das Leiden anderer mit, das durch Unwissenheit, Gewaltstrukturen, Hass, Krieg, Katastrophen, Angst, schwere Krankheit oder Tod erzeugt wurde. Das große Leiden leidet daran, dass Liebe und Frieden noch nicht als Einheit für alle gelebt werden. Es ist ein Weg des Mitfühlens und Mitleidens, bei dem das verborgene Ganze erscheint und die Grenzen zwischen allen Leidenden aufhebt.

ÜBUNG: Atmen Sie behutsam in ein Problem hinein: „Möge aller Kummer reifen in mir. Möge aus meinem Leid Mitgefühl werden. Mögen auch alle anderen Menschen von ihrem Leid befreit werden."

Nimm an, was dir an Leid zugemesssen wird.

Das tägliche Üben soll uns ermutigen, eine geduldige, ausdauernde Haltung durch schwierige Umstände hindurch anzunehmen.

Dalai Lama

EIN SPIRITUELLER WEG ähnelt oft einer Heldenreise. Nach einem begeisterten Aufbruch mit wohltuenden Erfahrungen und ersten Glücksmomenten tauchen Hindernisse auf. Man fühlt sich plötzlich einsam und mutlos und weiß nicht recht weiter. Lohnt sich das alles überhaupt? Verzagtheit ist aber ein denkbar schlechter spiritueller Lehrer. Sie hindert uns daran, dass wir, gerade in Auseinandersetzung mit Problemen, fünf heilsame Kräfte des Geistes trainieren: Vertrauen, Willenskraft, Einsicht, innere Ruhe und Achtsamkeit. Das sind die stabilisierenden Pfeiler, auf die sich der Lebensmut spiritueller Menschen stützt. Der Dalai Lama definiert Mut als „freudige Anstrengung" angesichts von Widrigkeiten, auf dem Weg bleiben zu können, ohne zu ermüden.
Tatsächlich beschrieb das deutsche Wort Mut ursprünglich eine ähnlich kraftvoll-entschlossene innere Haltung: Mut war das hohe Selbstwertgefühl eines Ritters während seiner Reisen. Seine innere Entschiedenheit unterstützte ihn dabei, sich in der Fremde zu orientieren und in schwierigen Situationen unerschrocken zu agieren. Durch die täglichen Herausforderungen konnte er die Bandbreite seines Mutes auf vielerlei Weise erproben. Loten Sie aus, welche Aspekte von Mut Ihnen zu mehr innerer Klarheit und Entschiedenheit verhelfen würden. Denken Sie bei Ihrer Selbstermutigung auch an Lang-Mut, Groß-Mut, Frei-Mut, An-Mut, Wage-Mut, Sanft-Mut, Lebens-Mut und De-Mut. Mit diesen wunderbaren Helfern des Geistes können Sie jede spirituelle Mutprobe bestehen und sich unerschrocken „auf den offenen Ozean des Absoluten" (Friedrich W. J. Schelling) wagen.

ÜBUNG: Angelehnt an das buddhistische Herz-Sutra können Sie in schwierigen Situationen sprechen: „Mein Geist sei ohne Hindernisse und ohne Furcht."

Verliere nicht den Mut.

Weil die Pupille dunkel ist, nimmt sie alles Licht in sich auf. Pinchas von Korez

IHR GEIST kann sich nicht nur in der bunten Sphäre der äußeren Realität bewegen. Er ist auch nachts im Reich der Traumbilder unterwegs und er kann problemlos in die Dunkelheit eintauchen, die hinter den Bildern liegt. Das passiert im Tiefschlaf, nur bekommen Sie davon normalerweise nichts mit. Das ist so ähnlich, als wollten Sie in einer schwarzen Höhle auf einem schwarzen Stein eine schwarze Ameise sehen. Sie können im Tiefschlaf nichts unterscheiden, weil es dort weder Dinge noch ein beobachtendes Ich gibt. Auf dem Weg in den Tiefschlaf haben Sie – wie wir alle – Ihr Ich zurückgelassen. Der Geist ist aber da, nur hat er auf ruhige Delta-Wellen umgeschaltet, was man im EEG sehen kann. Durch dieses Umschalten in den Ruhemodus gelangen Sie zu einer lebensnotwendigen Tiefenentspannung, bei der sich Ihre Billionen von Zellen erneuern und Wunden heilen. Körper und Geist sind zur unendlichen Stille gelangt, die als Quelle des Lebens für vitale Energie sorgt.

In diese dunkle, unendliche Region des Bewusstseins sind Mystiker unterwegs. Sie schicken ihren Geist als Höhlenforscher in den stillen Urgrund ohne Bilder, Namen oder Formen. Hier gibt es weder Raum noch Zeit. Es herrscht „heilige Unwissenheit“, wie Nikolaus von Kues es nannte. Hier taucht der entleerte, aber hellwache Geist in die eigene Dunkelheit, um aufnahmefähig für das grenzenlose Licht zu werden, das unser Alltags-Ich nicht sehen kann.

ÜBUNG: Freunden Sie sich mit der Dunkelheit an. Blicken Sie in den dunklen, mond- und sternenlosen Nachthimmel. Suchen Sie sich ein leeres Gefäß mit schwarzem Innenraum und verankern Sie Ihren Blick darin. Versenken Sie sich in Ihr eigenes Inneres, indem Sie Ihren Blick nach innen wie in den dunklen Grund eines Brunnens fallen lassen. Haben Sie keine Angst vor der dunklen Stille des Bewusstseins, Sie erholen sich im Tiefschlaf jede Nacht dort.

Verwandle dich in der Dunkelheit.

Suche in jenen, mit denen du zusammen bist, stets nach deinem innersten Wesen. Selbst auf dem Grab eines Heiligen legt ein Heiliger Gesicht und Hände nieder und nimmt Licht in sich auf.

Dschelaleddin Rumi

IHRE SPIRITUELLE REISE macht Sie zu einem Gefährten der Heiligen aller Zeiten, Länder, Kulturen und spirituellen Traditionen. Es wird Ihnen leicht fallen, sie zu erkennen: Was man von ihnen empfängt, gibt man spontan weiter; was sie gewähren, will man teilen; was sie ausstrahlen, beginnt in uns selbst zu leuchten; was man von ihnen erbittet, wird durch uns lebendig. Wozu sie einem verhelfen sollen, liegt als Möglichkeit in uns und will entfaltet werden. „Heilig werden heißt, ich selbst werden", betonte der Mystiker Thomas Merton. Unsere eigene Kraft und die „andere" Kraft des Heiligen sind nur verschiedene Spiegelungen der einen Wirklichkeit.

Im Buddhismus gibt es einen wunderschönen Text, der von der inneren Haltung der Heiligen spricht, die man Bodhisattvas nennt. Vielleicht möchten Sie sich darin üben, die gleiche Haltung einzunehmen, um getröstet selbst zum Trost und Licht für andere zu werden: „Ich will ein Beschützer sein für diejenigen, welche sich schutzlos fühlen; ein Führer für die unkundigen Reisenden; ein Boot oder eine Brücke für alle, die ein neues Ufer erreichen wollen; eine Lampe für die, welche tastend nach Licht verlangen; ein Bett für Müde, die sich nach einer Ruhestatt sehnen; ein Dienender für alle die Menschen, welche eines Dienstes bedürfen."

ÜBUNG: Stellen Sie sich in den Kreis der „Gottesfreunde", wie Mystiker im Islam und Christentum genannt werden. Hüllen Sie sich in den heilsamen Glanz, den sie ausstrahlen. Nehmen Sie die Wärme, Liebe und Klarheit dieser Gestalten mit jeder Zelle Ihres Körpers auf. Genießen Sie ihre wohltuende Nähe. Lassen Sie dann die Visualisierung der Heiligen los und verweilen Sie entspannt in dem reinen, liebevollen Leuchten, das dann bleibt.

Wärme dich am Trost der Heiligen.

In diesen Tiefenbereichen sollte das Streben unseres Bewusstseins dahin gehen, sich zu jener Einfalt emporzuschwingen, wo die Gegensätze ineinander fallen. Nikolaus von Kues

WIE TRAINIEREN SIE DAS? Am besten mit dem Catuṣkoṭi, einem Denkmodell der hinduistischen und buddhistischen Tradition. Es besagt Folgendes: Alle unsere Konzepte, Selbst-, Gottes- oder Weltbilder beruhen nur auf Definitionen und Eigenschaften, die wir ihnen zugeordnet haben. Wählen Sie ein Thema aus und wenden Sie folgende vier Aussagen darauf an:

1. Es ist. (Bejahung)
2. Es ist nicht. (Verneinung)
3. Es ist sowohl als auch nicht.
   (beides und mehr möglich)
4. Es ist weder-noch. (keine Aussage möglich)

Wichtig ist, dass Sie Ihr Thema von allen vier Seiten her in die Zange nehmen. Auf das Konzept „Gott ist ein Vater" angewandt heißt das: 1. Gott ist ein Vater. 2. Gott ist kein Vater. 3. Gott ist sowohl Vater als auch nicht Vater. 4. Gott ist weder Vater noch kein Vater. Ja, was nun? Sie merken, dass die gewohnten Zuordnungen ins Schleudern kommen. Die üblichen „Ergreifungsversuche" und Konzepte, mit denen unser Alltagsbewusstsein operiert, funktionieren nicht mehr. Im besten Fall weitet sich Ihr Bewusstseinsfeld dabei fast spielerisch und offenbart sich als grenzenloser „Raum ohne Eigenschaften". Statt der gewohnten Vielfalt erfahren Sie das, was Mystiker als Einfalt beschreiben. Das hat natürlich nichts mit Naivität zu tun. Es bedeutet, dass Sie „dem gegenüberstehen, dem nichts gegenüberstehen kann", wie es in der islamischen Mystik heißt. Die Hindus sagen dazu: Die Entgegensetzung Ihres Bewusstseins und Ihrer Bewusstseinsinhalte hört auf. Sie erfahren die ungeteilte Einheit ohne Zweiheit.

ÜBUNG: Wenn Sie mit dem Catuṣkoṭi trainieren, wenden Sie es auch einmal auf das Konzept der Leerheit an. Lassen Sie, wie Nagarjuna sagt, „das Floß nach der Flussüberquerung am Ufer zurück".

Finde zum Raum hinter den Gegensätzen.

Wenn weder Gewünschtes noch Gedachtes in mir auftaucht, was bin ich dann? Ich bin die eine Wirklichkeit selbst. So soll das Bewusstsein darin aufgelöst und damit eins werden.

Vijnana Bhairava 97

JEDER der 7,2 Milliarden Menschen hat ein individuelles Bewusstsein, das ihn scheinbar von allen anderen trennt. Tatsächlich aber sind alle Ausdruck eines einzigen ozeanischen Bewusstseins, der unteilbaren, ewigen Quelle aller Bewusstseinsphänomene. „Ich bin dies alles", sagen die Hindus. „Gott wirkt alles in allen", sagen Juden, Moslems und Christen, „Gott ist die Fülle, und ich bin von ihr erfüllt. Das ist der göttliche Kern." Aus dieser Fülle können Sie nie herausfallen. Das einzige, worum es geht, ist die hartnäckige Illusion des Getrenntseins aufzuheben, die Ihr Ich ständig produziert. Um das „Alles ist eins" als Ihre wahre Wesensnatur erfahren zu können, braucht Ihr Bewusstsein Freiheit von allen Anhaftungen. Helfen Sie ihm, indem Sie Ihren Geist so oft es nur geht von allen Bildern, Ideen, Gedanken und Wünschen (auch dem nach der Einheitserfahrung!) befreien. Lassen Sie immer wieder alles los, entspannen Sie sich in wache Absichtslosigkeit hinein. Irgendwann wird die Leere für einen Augenblick vollständig erreicht. Dann gelangt das Bewusstsein über die Grenze des Ichs, das Ihren Namen trägt, hinaus in seine ursprüngliche Weite und löst die Einheitserfahrung aus.

ÜBUNG: Bereiten Sie Ihren Geist durch paradoxe Sätze auf die Erfahrung seiner ungeteilten Essenz vor, zum Beispiel mit „Ich in Gott und Gott in mir" (christlich) oder „Gott in allem und alles Gott" (jüdisch) oder „Ich bin Ich und Du, du bist Du und Ich" (islamisch). Meditieren Sie mit „Ich bin das Eine ohne ein Zweites" (hinduistisch) oder „Alles in eins, eins in allem; eins in eins, alles in allem" (buddhistisch). Lassen Sie sich mit einem dieser Sätze bei jedem Atemzug tiefer in die Bewusstseinsstille hinab.

Werde eins mit dem Einen.

Die Musik unseres Zusammenseins hat den Himmel zum Tanz bewegt!

Hafis

KÖNNEN SIE sich vorstellen, dass der Kosmos tanzt? Würden Sie auch, wie Nietzsche, „nur an einen Gott glauben, der zu tanzen verstünde“? Viele Mystiker fanden einen Zugang zu diesem tanzenden Gott als kosmischem Ereignis am Anfang allen Seins. Der tanzende Gott bringt mit seiner Liebe das Chaos in Bewegung und die Atome finden tanzend aus der Formlosigkeit zur Form. Das erinnert an den hinduistischen Schöpfergott Shiva, der im „Tanz der Glückseligkeit“ die Welt erschuf. Mechthild von Magdeburg tanzt mit Gott in die Seligkeit hinein: „Ich tanze, Herr, wenn du mich führst! Soll ich selber springen, musst du selber vorsingen. Dann aber tanze ich in die Liebe, aus der Liebe in die Erkenntnis, aus der Erkenntnis in den Genuss, aus dem Genuss tanze ich über alle menschlichen Sinne hinaus.“ Hier haben wir eines der schönsten Bilder für die Verschmelzungserfahrung mit Gott. Vielleicht haben Sie auch schon einmal beim Tanzen erlebt, dass Sie sich der Bewegung vollkommen überlassen konnten. Auf einmal tanzten nicht mehr Sie, sondern der Tanz hat Sie getanzt. Ein transzendierender Moment, der Sie über sich selbst hinaushob. Im unmittelbaren Akt des hingebungsvollen Tanzens ist man zutiefst mit sich vereint. Der eigene Körper spiegelt drehend das große Universum wieder, den ewigen Tanz der Sterne und Galaxien.

ÜBUNG: Legen Sie Musik auf und tanzen Sie sich frei, bis Sie Ihre eigene Mitte als ruhenden Pol in aller Bewegung wahrnehmen. Sie können auch wie die tanzenden Derwische Ihren kosmischen Tanz mit drei Runden zu einer ruhigen, feierlichen Musik beginnen. Jede Runde symbolisiert eine Etappe auf dem spirituellen Weg hin zu Gott: Erkenntnis, Vision und Vereinigung. Am Ende der dritten Runde werfen die Derwische ihre dunklen Mäntel ab und drehen sich in ihren weißen Gewändern um ihre eigene innerste Mitte.

Tanze in der Liebe.

Ich will dich segnen und du sollst ein Segen sein.

1. Mose 12,2

SEGEN ist kein göttliches, priesterliches oder kirchliches Privileg. Er ist verwurzelt in der Familie und kann auf die ganze Menschheitsfamilie ausgedehnt werden. Instinktiv spüren wir, dass Segen gut ist, dass wir damit das uralte Ja zur Grundkraft des Lebens selbst empfangen und an andere weitergeben. „Alles kommt vom Segnenden", heißt es in der jüdischen Mystik. Im Segen geben wir einen Reichtum weiter, den wir nicht uns selbst verdanken. Er stammt aus der unerschöpflichen Quelle des Seins. Darum heilt, ermutigt und erfrischt ein Segen beide, den Segnenden und den Gesegneten. Im hebräischen Wort „beracha" für Segen klingt auch „b´recha", der Teich mit. Er ist ein paradiesischer Ruheplatz für Nomaden, die mit ihren Tieren durch die Wüste ziehen. Das Wasser dieser Teiche gehört keinem allein: Es ist ein verlässlicher Segen für alle. Wenn Sie also einen Segen aussprechen, verwandeln Sie sich in eine freundliche, lebensspendende Oase, durchströmt von Güte und Liebe.

Je umfassender Sie Ihren Segen (nach jüdischer Tradition hundert pro Tag!) als Zeichen göttlicher Präsenz fassen, desto weiter wird der Segenskreis, den Sie ziehen. Machen Sie sich bewusst, dass alles, was Ihre Hände berühren, Ihren Segen weitergibt: Türklinken, Akten, Wäschestücke, Lebensmittel, die Sie zubereiten. Beginnen Sie ein Meeting mit einem stillen Segen für die Beteiligten. Segnen Sie die Behandlungsräume einer Arztpraxis, während Sie im Wartezimmer sitzen. Segnen Sie Schulbusse, Pausenhöfe und Kinderspielplätze. Ihr Segen trägt ein Stück göttliche Fülle zu den Menschen, die sich dort aufhalten.

ÜBUNG: Stellen Sie sich in einen Kreis aus segensreichem Licht und sprechen Sie die uralten Worte der Navajos: „In meinem Rücken ist Segen bis hin zu den Bergen. Vor mir ist Segen bis hin zu den Bergen. Unter mir liegt Segen auf der Erde, über mir wölbt sich Segen bis zum Himmel. Und so gehe ich."

Segne, was dir begegnet.

Ein hochmütiger Mystiker ist eine Missgeburt, ein Widerspruch in sich selbst.

Gerhard Tersteegen

IN VIELEN TRADITIONEN wird der innerste Kern der Seele mit einem Diamanten verglichen, auch in der jüdischen Mystik: „In jedem von uns ist Licht wie von einem Diamanten, sobald man es in der geeigneten Fassung zum Erstrahlen bringt.“ Die mystische Reise holt den Diamanten ans Licht, birgt aber leider auch die Gefahr des Stolzes.

Ein Diamant besteht aus Kohlenstoffatomen, genau wie eine simple Bleistiftmine – nur dass die Atome beim Diamanten extrem verdichtet sind. Dieser hohen Bindungsenergie verdankt er sein reines Leuchten und sein brillantes Strahlen. Wir können uns also nichts auf unsere spirituelle Entwicklung, Bewusstwerdung oder Erleuchtung einbilden. Sie sind Ergebnis eines Verdichtungsprozesses des mit allem verbundenen Geistes, dessen reines Licht sich in uns widerspiegelt. Stolz und Hochmut trüben dieses Licht sofort ein und machen die bedingungslose Kommunion mit allem Lebendigen zunichte. Darum warnen alle spirituellen Meister vor der Gefahr der Selbstüberhebung – ganz besonders bei Menschen mit fortgeschrittenem spirituellen Bewusstsein.

Das Heilmittel gegen diese Egozusammenziehung im Herzen heißt Demut. Für die Sufis ist „tawâdu“, die Demut, eng verwandt mit der Scheu, „khushû“. Dieses Gespür für bescheidene Zurückhaltung hält das spirituelle Licht rein und verleiht dem inneren Diamanten seine schützende Fassung. Demut sorgt auch für den nötigen Schliff durch weitere Auseinandersetzung mit unseren inneren Schattenanteilen, die uns ein Leben lang begleiten.

ÜBUNG: Gilbert von Hoyland meinte, dass eine Demut, die aus dem klaren Licht der Liebe fließt, von ganz allein nach unten strebt. Sie kommt zur Ruhe, wenn sie auf dem untersten Platz ist. Wo könnten Sie freiwillig den „untersten Platz“ aufsuchen? Was würde es Sie kosten? Was würden Sie gewinnen?

Hüte dich vor dem Stolz.

Wenn das einzige Gebet, das du während deines ganzen Lebens sprichst, „danke" hieße, würde das genügen.

Meister Eckart

DANKEN KÖNNEN ist mehr als eine bloße Sozialtechnik. Weit über konventionelle Dankesworte hinaus signalisiert echte Dankbarkeit, dass ein Herz erwacht ist. Ein waches Herz sieht die Fülle, die ihm im Strom des vollen Lebens beständig zufließt. Es sieht die vielen großen und kleinen Gaben, die es durch unsere wechselseitige Verbundenheit gibt und empfängt.
Nehmen Sie diesen unglaublichen Austausch von Geben und Nehmen wahr. Achten Sie darauf, was Ihnen dieses Zusammenwirken vieler Kräfte alles gewährt. Wo speisen Sie selbst Ihre Gaben, Ihre Kompetenz und Ihre Liebe in dieses Netz der Allverbundenheit ein? Bewusste Dankbarkeit entzündet sich im konkreten Alltag. Dass Baustellen gesichert werden, Straßenlaternen brennen und im Radio Verkehrsfunk läuft, sind Fakten und reiche Erkenntnisquellen für „Dankbarkeit in allen Dingen". Ich kann dankbar dafür sein, dass täglich sehr viele Menschen zusammenwirken, um meine Fahrt störungsfreier und sicherer zu machen. Die dankbare Wahrnehmung für gewährte Unterstützung macht reich und steigert das Gefühl universeller Verbundenheit: Das Universum ist eine Verschwörung zu meinem Wohl!

ÜBUNG: Vertiefen Sie Ihr Gefühl für Dankbarkeit mithilfe der japanischen Naikan-Therapie. Naikan bedeutet „Innenschau". Danken setzt klares Denken voraus. Nehmen Sie sich am Abend 20 Minuten Zeit für eine schriftliche Reflexion über drei Fragen: 1. Was habe ich heute (von jemandem) Gutes bekommen? 2. Was habe ich heute (jemandem) Gutes gegeben? 3. Welche Probleme und Schwierigkeiten habe ich heute anderen bereitet?
Notieren Sie nur konkrete Punkte. Auch kleine Gesten zählen. Diese Übung fördert soziales und vertrauensvolles Verhalten, Einfühlungsvermögen und Verantwortung für das gemeinsame Ganze. Sprechen Sie Ihren Dank auch aus!

Sei dankbar in allen Dingen.

Die niemanden kränken und dennoch die Wahrheit sprechen, deren Worte sind klar, doch niemals hart. Sprich und handle mit reinem Geist und das Glück wird dir folgen.

Buddha

WAHRHAFTIGKEIT ist so etwas wie die Königsdisziplin der spirituellen Lebenspraxis. Wo der Besen des inneren „Armwerdens“ das Bewusstseinshaus von allen Täuschungen, Wünschen und Ichanhaftungen leer gefegt hat, zieht die Aufrichtigkeit dauerhaft ein und erhellt mit ihrem Licht das Innere. Man gerät immer weniger in Selbstwiderspruch und „wandelt in der Wahrheit“, lebt also in echter Integrität. Das Bewusstsein kann entspannt in der störungsfreien Zone einer kristallklaren Ehrlichkeit verweilen. Je aufrichtiger also der Geist, desto klarer die Rede und desto reiner das Handeln. Das wirkt sich auch auf die Umgebung aus: Liebevoll praktizierte Klarheit und Aufrichtigkeit sind ein wirkungsvoller Schutz gegen unachtsam erzeugte Kränkungen und Verletzungen. Beziehungen harmonisieren sich, das gegenseitige Verstehen wächst.
Der Grund dafür ist eine Art glücklicher Tausch: Der Mystiker sieht die Welt nun mit den Augen Gottes. Dieser Blick ist voller Liebe und Klarheit, die niemanden verletzen will, aber alles heilt. Wahrheitsliebe ist die Essenz, die schließlich das verwandelte, durchlichtete Wesen des Mystikers ausmacht. Darum ist das Üben der nicht verletzenden Wahrheitsliebe so wertvoll – Tag für Tag aufs Neue. Je mehr Aufrichtigkeit Sie sich selbst und anderen gegenüber entwickeln, desto öfter werden Sie das Glück erleben, Klarheit und Eindeutigkeit zu finden. Ganz gleich, ob Sie in Ihr eigenes oder ein anderes Herz blicken.

ÜBUNG: Gönnen Sie sich Zeit für einen Rückblick am Abend: Wo war ich mir gegenüber heute nicht aufrichtig? Ich verzeihe mir und gelobe, aufrichtiger zu sein. Wo war ich heute zu jemand anderem nicht aufrichtig? Ich bitte den anderen innerlich um Verzeihung und gelobe, ihm gegenüber von nun an aufrichtiger zu sein.

Sei klar und eindeutig.

Frieden wird in die Herzen der Menschen kommen, wenn sie ihre Einheit mit dem Universum erkennen.

Black Elk, Oglala-Lakota

FRIEDEN ist nichts Abstraktes. Frieden ist ein Geschehen mit anderen und für andere. Er ist ein Raum des Geistes, der sich immer mehr in Ihnen aufbaut, damit Sie andere dorthinein einladen können. Fangen Sie den Frieden an wie andere Streit. Echten Friedensstiftern gelingt das oft spontan, aus ihrer Intuition für das richtige Wort zur richtigen Zeit und am richtigen Ort.

Eine solche Geistesgegenwart wird dem persischen Mystiker Rumi zugesprochen. Er ging einmal durch die Straßen von Konya und stieß auf zwei Männer, die heftig miteinander stritten. Der eine schrie den anderen an: „Beschimpfe mich, so viel du willst, du wirst jedes Schimpfwort tausendfach zurückbekommen!" Rumi ging auf den Schreihals zu und sagte freundlich: „Was du auch zu sagen hast, sage es mir! Wie viele Schimpfworte du mir auch an den Kopf werfen wirst, du wirst keines zurückbekommen." Da versöhnten sich die Streitenden und gingen friedlich auseinander.

Die Mystiker unter den Friedensstiftern bauen das „Zelt des Friedens" dort auf, wo sie der sanfte Versöhnungswind Gottes gerade hingeweht hat.

ÜBUNG: Gehen Sie innerlich in Ihr Zelt des Friedens. Atmen Sie eine Weile entspannt ein und aus, bis Sie Frieden im Herzen spüren. Laden Sie nun in Gedanken alle ein, mit denen Sie in Frieden sein wollen. Sprechen Sie allen den Frieden zu: „Friede sei mit uns allen!" Zur Unterstützung können Sie eine uralte Friedensgeste einnehmen. Heben Sie Ihre Hände in Schulterhöhe, wobei Ihre offenen Handflächen nach vorne weisen. Spüren Sie die Energie in Ihren Handtellern und lassen Sie diese Friedenskraft in die Welt hinausströmen.

Schließen Sie Ihr Ritual in Anlehnung an das jüdische Abendgebet: „Breite über uns das Zelt deines kosmischen Friedens und vervollkommne unsere Einsicht durch wechselseitiges Verstehen."

Breite Frieden um dich aus.

Wolkenbrüder gibt es viele, aber sie sind eine Familie. Sie sind verstreut, aber von einem Geist. Sie durchdringen einander, wandeln sich jeden Augenblick. Lasst uns zu ihnen aufschauen als eine Familie und ein Geist.

Ramson Lomatewama, Hopi

VERBUNDENHEIT müssen Sie nicht üben – Sie würden ohne Verbundenheit gar nicht existieren. Allein Ihr Körper ist ein gigantischer Verbund aus etwa 206 Knochen, 650 Muskeln, 25 Billionen Blutkörperchen und 1000 Billionen Zellen. Letztere würden hintereinander gelegt 100 Mal um die Erde reichen. Noch einmal tausendmal mehr als Zellen beherbergen Sie Bakterien in Ihrem Darm, eine Menge, die größer ist als die Summe aller Menschen, die jemals auf diesem Planeten lebten. Die größte Verbundenheit aber gibt es im atomaren Bereich. Atome leben praktisch ewig, sie waren, bevor sie sich in uns verbanden, vorher schon in Millionen von Lebewesen und Sternen eingebunden. Jedes unserer Körperatome wird sich nach unserem Tod aus seinem Verbund lösen und anderswo eine neue Verbindung eingehen. Es lebt weiter in „Wolkenbrüdern", Magnolienblüten oder in einem anderen Menschen.

Vom Gewebe unseres Körpers können wir lernen, dass alles auf dieser Welt auf Verbundenheit aufbaut. Nachman von Bratislaw bezeichnete Menschen, denen diese fließende Verwobenheit aller Wesen und Systeme bewusst wird, als „Meister des Feldes". Wenn wir das gegenseitige Ineinanderwohnen, den ständigen Austausch aller erfassen, schauen wir mit klaren Augen auf Myriaden von Wechselbeziehungen und Verknüpfungen, auf unendlich ineinander verwobene Felder. Alle zusammen bilden sie den riesigen Organismus Leben, aus dem niemand herausfallen kann.

ÜBUNG: Greifen Sie eine beliebige Sache heraus: ein Thema, einen Gegenstand, einen Ort, einen anderen Menschen. Machen Sie sich bewusst, wie viele Verknüpfungen er verkörpert und wie viel Verbundenheit so für Sie erzeugt wird.

Praktiziere Verbundenheit.

Das Mitfühlen und Mitleiden ist eine Wunde des Herzens, die bewirkt, dass die Liebe sich auf alle Menschen erstreckt, und sie kann nicht heilen, solange irgendein Leiden lebt.

Jan van Ruusbroec

MIT GANZ ÄHNLICHEN WORTEN wie dieser christliche Mystiker erklärt der Dalai Lama „karuna", das Mitgefühl der Buddhisten: „Man könnte das Mitgefühl definieren als die Empfindung, dass das Leid des anderen, das Leid aller Lebewesen unerträglich für uns ist. Aufgrund wahren Mitgefühls wünschen wir uns, dem Leiden anderer ein Ende setzen zu können, und wir fühlen uns für die Leidenden verantwortlich."
Wahres Mitgefühl basiert auf einer erweiterten Identität: Unser inneres Empfinden betrachtet die Welt der anderen als unsere eigene. Wir können uns vor dem Schmerz, Leid oder Unglück der anderen nicht mehr abschotten. Wir spüren das auch gegenüber Fremden und Andersgläubigen. Wir sehen in erster Linie immer den Menschen, der Hilfe und Anteilnahme braucht. Sie werden spüren, dass Ihr mitfühlender Geist sein Mitgefühl nicht nur in Worten, sondern in konkretem Handeln ausdrückt. Der göttliche Geist in uns zögert keinen Augenblick, sich fremdem Leid zuzuwenden. In seiner Geschichte vom barmherzigen Samariter vermittelte Jesus diese Kernbotschaft von wahrem „Mitgefühl in Aktion". Moslems praktizieren „hilm", umfassende Barmherzigkeit gegenüber Armen, Kranken und Benachteiligten. Juden nennen das selbstlose Mitgefühl „rachamin", was wörtlich Gebärmutter bedeutet. Ein wunderbares und starkes Bild für unsere grundsätzliche Verbundenheit, die mitleiden, also auch Nachteile oder sogar Schmerzen um des anderen willen, aushalten kann.

ÜBUNG: Beginnen Sie mit dem buddhistischen Ruf: „Lasst uns alle Wesen hegen wie eine Mutter ihr einziges Kind!" (Sutta-Nipata 1,18). Denken Sie nun an einen Menschen. Fühlen Sie sich wie eine Mutter in sein verborgenes oder offensichtliches Leid ein. Was wäre eine Geste Ihres Mitgefühls?

Verkörpere Mitgefühl.

Und du wirst in dir einen anderen Geist erwachend fühlen, der dich kräftigt, durch deinen ganzen Körper fährt und dir Freude gibt. Abraham Abulafia

ÜBER KAUM ETWAS sind sich die Mystiker der Welt so einig wie über das Geschenk der Freude. Diese Freude ist unüberbietbar. „Mir geht es wie einem Betrunkenen, der kaum noch bei Sinnen ist, wenn ihn die Kraft des Weines ergreift. Ich bin genauso außer mir, kaum noch bei Sinnen im Überschwang der Freude meines Seins!", schrieb Ramon Llull. „Die Seele ist zu ihrer eigenen Freude hier und zur Freude Gottes!", staunte Dschelaleddin Rumi. Noch weiter ging Marguerite Porète: „Eine solche Seele, sagt die Liebe, schwimmt im Meer der Freude, das heißt im Meer der Wonnen, die aus der Gottheit fließen und hervorströmen. Und sie empfindet dabei keine Freude, sondern sie ist diese Freude selbst und schwimmt und treibt dahin kraft der Freude, in die sie sich verwandelt hat."

Eine mystische Spiritualität der Freude würde also lauten: Alles, was du tust, sollte auf heilige Weise geschehen und in Freude (indianisch). Diese Freude kommt von Gott und führt zu ihm zurück (Islam). Darum bitte Gott: Kläre mein Bewusstsein durch deine fröhliche Gegenwart (Christentum). So gehen für dich die Tore der Freude auf (Hinduismus). Die göttliche Freude kannst du in allen Zellen deines Körpers spüren (Judentum). Schenke dieses Glück weiter, wende dich in bedingungsloser Mitfreude anderen zu (Buddhismus).

ÜBUNG: Praktizieren Sie folgende Atemübung nach Thich Nhát Hanh: „Einatmend sehe ich mich als Raum voller Freude. Ausatmend teile ich die Freude der anderen." Wiederholen Sie das innerlich so lange, bis Sie innerlich ganz weit und von ein- und ausströmender Freude erfüllt sind. Reduzieren Sie die Sätze schließlich auf „Freude, Freude, Freude" beim Einatmen bzw. auf „Mitfreude, Mitfreude, Mitfreude" beim Ausatmen.

Drücke Freude und Mitfreude aus.

Wenn Gott in der Seele erwacht, geschieht es in Sanftheit und Liebe. Für die Seele ist das so schön, dass sie meint, alle Blumendüfte und Wohlgerüche der Welt würden sie durchströmen und in ihr und allen Geschöpfen gemeinsam schwingen.

✝ Johannes vom Kreuz

JOHANNES VOM KREUZ gilt als „Sänger der Liebe" unter den christlichen Mystikern. Obwohl er von seinen eigenen Glaubensbrüdern monatelang eingekerkert und misshandelt worden war, hielt er an seiner Botschaft von der Liebe und Sanftheit als innerstem Wesen Gottes fest. Die göttliche Sanftheit, die unser Innerstes berührt, ist unfassbar fein, aber keineswegs kraftlos. Johannes vom Kreuz bestand auf diesem Paradox der Sanftheit: „Je größer und wirkmächtiger etwas ist, umso feiner ist es in sich. Und je zarter und durchdringender verteilt, umso mehr breitet es sich aus und teilt sich mit." Die Zartheit des göttlichen Seins mitten im eigenen Wesensgrund war für Johannes die größte erfahrbare Macht überhaupt. Sanftheit kann die stärksten Hindernisse überwinden. Denken Sie nur an die feinen, zarten Würzelchen der schlichten Bodendecker in unseren Vorgärten. Ursprünglich stammen sie aus dem Gebirge, wo sie den härtesten Boden durchdringen und sogar den kristallinen Verbund von Gestein sprengen können. Gerade weil Sanftmut so subtil und ausdauernd zugleich ist, sind wir erschüttert, wenn wir direkt von ihrer Kraft und Schönheit berührt werden. Johannes spricht auch von der großen Freude, die dieses Erwachen der Sanftmut im eigenen Herzen erzeugt: Wir fangen an, alle Geschöpfe durch die sanften Augen Gottes hindurch zu erkennen.

ÜBUNG: Geben Sie Ihrer Sanftheit als zarter Freundlichkeit Gottes Ausdruck. Stellen Sie sich vor, wie sie sich behutsam in konzentrischen Kreisen von Ihrer Herzmitte her ausweitet und mit äußerster Zartheit alle lebenden Wesen anschaut und berührt, denen Sie heute begegnen.

Lass dich von Sanftheit durchdringen.

Jeder Mensch ist eine einzigartige Medizin.
Er trägt etwas einzigartig Heilendes in sich – für sich selbst, für die anderen und für die Erde.

Navajoweisheit

ZU DEN EINSICHTEN des mystischen Weges gehört eine Weisheit, die in allen spirituellen Traditionen gehütet wird: Es kommt auf unsere Taten an. Besonders die jüdische Mystik lehrt, welche Relevanz menschliches Handeln hat. Das Göttliche, heißt es da, singt in unseren Taten. Gott wird nicht durch theologische Spekulationen, sondern in unserem Tun enthüllt. Dabei kommt es nicht darauf an, für wie wichtig wir eine Geste, eine Tat, einen Dienst halten. Wichtig ist, dass wir jederzeit der Welt etwas Gutes durch unser Tun hinzufügen können, das ohne uns nicht da wäre. Die frühchristlichen Wüstenmystiker sprachen davon, dass man einfach dem Ort, an dem man gerade ist, hilft, die Früchte hervorzubringen, die genau an dieser Stelle nur mit unserer Hilfe reifen mögen. Diese Früchte sind heilsame Geschenke Gottes an das Leben. Lassen Sie das einzigartige Leuchten Ihres innersten Wesens in Ihr Tun einfließen. Keiner kann Sie in dieser Hinsicht ersetzen. Suchen Sie in Ihrem Beruf oder in Ihren Interessen nach dem Aspekt, in dem für Sie eine Berufung liegt.
Wo Ihr Dienen inspiriert ist von Güte, Freude und Liebe, finden Sie auch heraus, wie Sie selbstlos und gut organisiert zugleich handeln können. Erfolg und Effizienz sind keine Feinde Gottes, wie es manchmal abwertend heißt.

ÜBUNG: Halten Sie heute vor Beginn einer neuen Aufgabe kurz inne. Werden Sie sich über die Art und Weise Ihres Handelns bewusst. Wem dient es? Trägt es zur Gesunderhaltung oder Heilung der Welt bei? Wie können Sie dabei in Verbindung mit dem göttlichen Urgrund bleiben? Bringt Ihr Handeln die guten Früchte des Ortes hervor, an den Sie gestellt sind? Beginnen Sie nun mit einem Lächeln – es würde eine Leerstelle geben, wenn Sie es nicht zur Welt bringen.

Finde zu deinem Dienst.

Sich immer wieder in Freigebigkeit zu üben – das ist ein Loslassen, das großen Segen bringt.

Buddha

EINE DER SCHÖNSTEN GABEN spiritueller Menschen ist das Charisma der Großzügigkeit. Wenn wir uns im Loslassen üben, wie der Buddha rät, spüren wir, dass uns das Freigeben von Dingen, Gedanken und Wünschen befreit. Freigebigkeit ist die „Kernenergie" unseres sich ausdehnenden Universums. Nichts fühlt sich natürlicher an, als an der überschwänglichen Großzügigkeit teilzuhaben, die den ganzen Kosmos durchströmt. Da Mystiker sich im Kosmos beheimatet fühlen, haben sie an dieser Bewegung teil. Sie können ihren Reichtum nicht für sich behalten. Sie wollen ihre Schätze teilen. Der spanische Mystiker Miguel de Molinos riet seinen Schülern: „Schenke das Empfangene an diejenigen weiter, die Spirituelles in ihrem Leben am dringendsten bedürfen. Nimmst du das dir Zuströmende nicht an oder weigerst dich, es weiterzuschenken, kommt dein Verhalten einer Klippe gleich, an der dein Leben Schiffbruch erleidet." Ohne Freigebigkeit prallt das reich beladene Boot der Liebe an der Klippe des Egoismus ab und der ganze Reichtum gelangt nicht ans Ziel. Das eigene Leben verarmt. Meister Eckart formulierte sogar eine Art Regel zum Schutz vor solchen Schiffbrüchen am Felsen des Ego: „Was wir in der Kontemplation eingenommen haben, das geben wir wieder aus in der Liebe." Freigebigkeit gehört also zur spirituellen Lebenspraxis untrennbar dazu. Sie können ihr in Form von Gastfreundschaft, gemeinsam verbrachter Zeit, Großzügigkeit, Spendenbereitschaft, spontanem Verzicht oder Herzlichkeit Ausdruck verleihen. Letztlich ist täglich praktizierte Freigebigkeit die beste Methode, wie Sie über sich hinauswachsen und zum Segen für andere Menschen werden können.

ÜBUNG: Öffnen Sie Ihre Hände und breiten Sie Ihre Arme weit aus mit dem Satz: „Was ich gebe, gebe ich gerne!" Spüren Sie gleichzeitig den unerschöpflichen Reichtum in Ihrem Inneren.

Zeige dich freigebig.

Sei nicht wie der Frosch im Brunnen. Der Frosch kennt nichts Größeres als den Brunnen, in dem er sitzt. So sind alle Frömmler. Für sie gelten nur ihre eigenen Glaubenssätze.

Sri Ramakrishna

ALLE RELIGIONEN haben wunderbare Brunnen gebaut, an denen sich die Pilger auf ihrer Reise zu Gott erfrischen können. Sie sind Orientierungspunkte, aber nicht das Reiseziel selbst. Manchmal stellen sich diese Brunnen sogar als Hindernis zur Weiterentwicklung heraus. Mystiker haben darum für die Engstirnigkeit religiöser „Brunnenfrösche“ nichts übrig, weil sie lieber im Ozean der Liebe schwimmen.

Um die Weite jenseits des Brunnens zu entdecken, muss man die Froschperspektive aufgeben, den Blick heben und seinen Kopf in den Versöhnungswind des Geistes halten. Der Dichter Leo Tolstoi sprach davon, dass wir die gemütliche „Kapuze“ unserer Weltsicht oder Religion abnehmen müssen. Sie hält zwar warm, versperrt aber auch die Sicht. Tolstoi nannte diese Kapuze den eigentlichen Aberglauben.

Tatsächlich sieht ein Leben unter offenem Horizont anders aus. Man kann ohne starre Grundsätze voller Ehrfurcht sein. Man kann ein ethisches Leben führen, ohne ein Moralapostel zu sein. Man kann liebevoll wirken, ohne fromme Sprüche zu klopfen. Man kann ohne Yoga, Zen, Rosenkranz, Fastenmonat oder koscheres Essen als Heiliger in der Gegenwart Gottes leben. Man kann die vielen Pfade der ehrwürdigen Religionen würdigen und gleichzeitig wissen, dass die Wahrheit nicht zwingend auf vorgegebenen Wegen erreicht und daher auch nicht organisiert oder institutionalisiert werden kann.

ÜBUNG: Meditieren Sie das Versprechen des christlichen Mystikers Jean-Pierre de Caussade: „Ich werde den Willen Gottes in keine Schranken, keine Symbole und keine Grenzen einengen, sondern ich werde ihn in allen Gestalten entgegennehmen, in denen er sich mir mitteilt. Ich werde alle Formen achten, in denen es ihm gefällt, sich mit den anderen zu vereinigen.“

Suche den offenen Horizont.

Alles ist in dir und du bist in allem; du umgibst das All und erfüllst das All; als das All entstand, warst du im All; bevor das All entstand, warst du das All.

Jüdische Hymne „Der Einheitsgesang" aus dem Kreis von Juda der Chassid

WIR SIND buchstäblich Sternenstaub. Alle Bausteine unseres Körpers, alle Elemente dieser Welt wurden im Inneren von Sternen geschaffen. Kurz nach dem Urknall gab es nur Wasserstoff, Helium und Lithium. Durch die Verdichtung im Inneren der Sterne kam es zu Kernfusionen. Sie setzten nach und nach Kohlenstoff, Sauerstoff und den ganzen Reichtum organischen und anorganischen Lebens frei. Wo immer wir hinschauen, wir sehen nichts als Sternengeschenke, die vor Jahrmilliarden an uns abgeschickt wurden. Das unfassbar komplexe Spiel des Alls mit sich selbst brachte schließlich auch uns Menschen hervor. In uns atmen, träumen, denken, lachen, weinen und lieben die uralten Sterne. Wir schreiben ihre Geschichte fort. Wir selbst sind die Seele des Alls, sein Bewusstsein, sein Drang nach Einheit und seine unermessliche Anziehungskraft voller Liebe. Sie ist das eigentliche Geheimnis unseres Gefühls für kosmische Universalität. Unsere Sehnsucht nach Gott, dem Urgrund, dem Alles-Umgreifenden ist die Sehnsucht der Sterne nach Unendlichkeit. Darum macht nichts mehr Sinn, als sich mit dem Universum selbst zu identifizieren, wie die jüdische Religionsphilosophin Simone Weil schreibt. Sie fügt hinzu: „Alles, was geringer als das Universum ist, unterliegt dem Leiden." Das Leiden hört auf, wenn wir im unteilbaren All-Bewusstsein ruhen und uns mit allen seinen Ausdrucksformen in „wechselseitiger Sympathie" (Plotin) vereint fühlen.

ÜBUNG: Stellen Sie sich nachts unter den Sternenhimmel und erklären Sie sich wie Mahatma Gandhi zu einem Bürger des Universums: „Mein Patriotismus ist so umfassend wie das Weltall. Er schließt alle Nationen der Erde ein."

Wähle das Universum zu deiner Heimat.

Du großes Geheimnis, dessen Stimme ich in den Winden vernehme, dessen Atem der Welt Leben gibt, höre mich! Lass mich in Schönheit leben und gib, dass meine Augen immer den purpurnen Sonnenuntergang schauen.

Sioux-Tradition

GEFALLEN IHNEN die Schmetterlingsflügel, auf denen strahlende Farbpigmente auch auf winzigem Raum Schönheit erzeugen? Dann sind Sie in Verbindung mit dem kosmischen Sinn für Schönheit, der uns alle durchpulst. Er möchte sich in Schönheit kleiden – was wir oft nur äußerlich umsetzen. Denken Sie größer! Ihr Denken, Ihr Verhalten, Ihr Alltag, Ihr Lebenswerk könnte zu dem Feld werden, in dem sich das große Geheimnis in millionenfacher Schönheit spiegelt.
Ein Mystiker wie Franz von Assisi kann darum ganz konsequent sagen: „Gott ist Schönheit".
Entdecken Sie Ihre einzigartige Weise, in Schönheit zu leben und Gottes Schönheit sichtbar zu machen. Ob Sie Schönheit im Kleinen oder im Großen realisieren, ist dabei zweitrangig. Wenn Sie einen Strauß in der Vase arrangieren, einen Tango tanzen, einem Bericht den letzten Schliff geben oder einen Raum neu gestalten – überall vermehren Sie die Schönheit. Übernehmen Sie heute Mahatma Gandhis Maxime: „Mein Ziel ist wahre Schönheit." Das kann auch die Schönheit gerechterer Strukturen, würdigender Sprache, gemeinschaftlich gemeisterter Aufgaben einschließen.

ÜBUNG: Beginnen Sie Ihren Tag mit den Worten der australischen Aborigines: „Ewige Einheit, die in Stille für uns singt, leite meine Schritte mit Kraft und Weisheit. Hilf mir, den Sinn hinter allem zu ehren. Hilf mir, alles mit Achtung zu berühren und immer davon zu sprechen, was hinter meinen Augen liegt. Möge ich keinen Schaden verursachen und Musik und Schönheit zurücklassen, wenn ich gehe." Stellen Sie sich am Ende Ihres Tages die einfache Frage aus dem orthodoxen Christentum: „War das, was ich heute getan habe, schön?"

Vermehre die Schönheit.

Die Liebe ist das innerste Mark aller Wesen.

Fariduddin Attar

DER SUFI RUMI nannte die Liebe das universale „Lösungswort“, mit dem sich alle Rätsel unseres Daseins lösen lassen. Sein Rat lautete darum: „Wo du auch bist, egal wie es dir gerade geht, versuche, ein Liebender zu sein.“ Er fügte hinzu, dass die Liebe dabei immer im Einklang mit dem Geliebten bleibt, ob er nun anwesend ist oder nicht; ob er uns zurückliebt oder nicht; ob er von unserer Liebe weiß oder nicht. Alles andere würde der Liebe die Fesseln unserer egozentrischen Wünsche anlegen und sie zu einer Karikatur ihrer selbst machen. Wenn es um Liebe geht, sollten Sie wie Elisabeth von Dijon und alle Mystiker in gigantischen Dimensionen denken: „Die Liebe ist etwas Unendliches, und bei etwas Unendlichem kann man immer noch weitergehen!“

Wenn Sie jetzt das Gefühl haben, dass das nur Gott kann, aber kein Mensch, liegen Sie richtig. Es ist Gott in uns, sagen die Mystiker, der durch uns liebt, voraussetzungslos, bedingungslos, endlos. Darauf sind wir in Wahrheit gepolt. Hören Sie also auf, nach Liebe zu suchen. Fangen Sie an, Liebe zu sein. Sie ist längst in Ihnen, wie sie als göttliches Mark in allen Wesen ist.

ÜBUNG: Öffnen Sie Ihr Herz mit dem Gruß: „Liebe allen Wesen!“ Verbinden Sie sich zunächst voller Liebe mit einem Menschen, bei dem es Ihnen besonders leicht fällt. Spüren Sie die Liebe in Ihrem Inneren aufsteigen und zwischen Ihnen hin und her fluten. Nehmen Sie den Überfluss wahr, der allmählich entsteht. Lassen Sie sich nun davon zu Menschen tragen, die Ihnen nahe stehen. Spüren Sie, dass die Liebe in Ihnen dadurch nicht abnimmt, sondern anschwillt. Dehnen Sie nach und nach Ihren Liebesradius auf alle Menschen in Ihrer Straße, Ihrer Stadt, Ihrem Land, auf Ihrem Kontinent und dem ganzen Planeten aus. Die Liebe, die durch Sie in die Welt flutet, ist die herzerlösende Liebe, die das Mark des ganzen Kosmos durchdringt.

Liebe alle Menschen.

Ist dein Inneres gut und rein, dann kannst du alles ohne Behinderung sehen und entgegennehmen. Ein reines Herz durchdringt alles.

Thomas von Kempen

DIE REINHEIT DES HERZENS hat man nicht automatisch oder für immer. Sie ist ein Geschenk, um das auch Könige wie Salomo bitten mussten. Ein reines Herz gibt es durch ungeteilte, liebevolle Hingabe. Thomas von Kempen verlieh diesem reinen Herzen sogar zwei Flügel: Einfachheit und Integrität. Die Einfachheit sollte seine Intention bestimmen und beständig zu Gott hin streben. Die Integrität sollte sein ganzes Verhalten gegenüber anderen Menschen auszeichnen und ihnen die Allgüte näherbringen. Unser lebenslanges Ziel bleibt die Reinheit des Herzens, sagen christliche Mystiker und der Sufi Hafis fügt poetisch hinzu: „Nur reiner Stoff empfängt die Gnade, nicht jeder Stein und Ton wird zur Perle und Koralle."

Die Aufgabe einer selbstkritischen Prüfung, was in uns zu den Steinen und was zu den Perlen gerechnet werden darf, bleibt uns also erhalten. Gute Zeichen einer täglichen Herzensreinigung sind laut Bhagavad Gita Milde, Mitgefühl, Bescheidenheit, klares Denken und aufrichtige Rede. Das erzeugt eine besondere Strahlkraft des Wesens – eben die Reinheit von Innen als uneingeschränkte „Freundlichkeit voll heilender Hinwendung".

ÜBUNG: Stellen Sie sich wie der Zisterzienser Aelred von Rievaulx vor, dass der Fassungsraum Ihres reinen Herzens eine „Arche des Geistes" ist. Gebaut wurde sie aus dem „unverwüstlichen Holz" Ihres guten Wesenskerns. Richten Sie darin „viele kleine Kammern als geistliche Gästezimmer" ein für alle Menschen, denen Sie Ihr Herz öffnen wollen. Widmen Sie den schönsten, innersten Raum Ihrer Herzensarche der göttlichen Liebe, die „in allem duftet, in allem leuchtet, in allem aufstrahlt und in allem alles verwandelt". Meditieren Sie die Fahrt Ihrer Arche auf dem unendlichen Ozean der Bewusstseinsstille.

Bitte weiter um ein reines Herz.

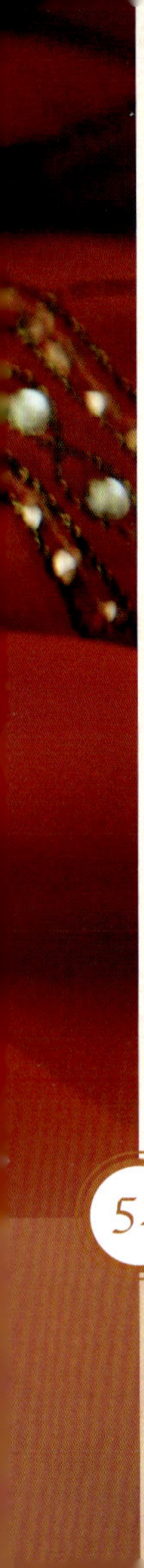

Es gibt nur ein Licht. Und „Du" und „Ich" sind Löcher im Lampenschirm.

Mahmud Shabistari

AUF DER GANZEN WELT vergleichen Mystiker das Göttliche mit einem lebendigen, fließenden Licht. Die Klarheit dieses Lichts lässt den Tag wie eine dunkle Nacht erscheinen. Es überwältigt das Bewusstsein mit der Erfahrung des Einsseins, strahlend wie ein Diamant, überströmend von Liebe, unsagbar gut und wunderschön. Unwillkürlich stellt man sich vielleicht vor, dass es wie das Sonnenlicht am Himmel „über" einem aufgeht und seine Strahlen von oben herab auf unser Gesicht fallen.

Mystiker verorten dieses Licht aber nicht außen. Erleuchtung bedeutet, das verborgene Licht zu befreien, das immer in unserem Inneren ist: „Die tiefe Liebe zum Quellgrund der Liebe wird das Licht in deinem Herzen leuchten lassen." (Shvetashvatara-Upanishad, VI, 23) Das Licht der göttlichen Liebe kommt direkt aus unserem Inneren und strömt durch uns in die Welt hinein. Dadurch sehen wir die ganze Welt transparent wie einen „Lampenschirm" oder eine Lichtung, maximal durchlässig oder durchscheinend für Gott. Das Licht macht auch unser „Ich" so durchscheinend, dass wir selbst es gar nicht mehr vom Licht unterscheiden können. Es verschwindet angesichts der Lichtfülle, die durch es hindurchflutet. Wir sind nichts mehr, das Licht ist alles.

ÜBUNG: Eine 800 Jahre alte Imaginationsübung von Rabbi Azriel von Gerona kann Ihnen helfen, sich als Lichtung Gottes zu verwirklichen: „Stell dir vor, du seist Licht. Auch deine ganze Umgebung ist in Licht getaucht: Rund um dich herum, in jeder Ecke und auf jeder Seite, ist Licht. Dreh dich nach rechts, und du wirst strahlendes Licht finden; zu deiner Linken, Herrlichkeit, ein strahlendes Licht. Zwischen ihnen, oben, das Licht seiner Gegenwart. Rundherum das Licht des Lebens. Über allem, eine Krone des Lichts, die alles erleuchtet. Dieses Licht ist unergründlich und endlos. Werde selbst das Licht!"

Werde selbst zum Licht.

Weiterführende Literatur

Barks, Coleman, *The Essential Rumi,* Edison/New Jersey 1997

Bobert, Sabine, *Mystik und Coaching,* Münsterschwarzach 2011

Brück, Michael von, *Einführung in den Buddhismus,* Frankfurt a. M. 2007

Chittister, Joan, *Weisheitsgeschichten aus den Weltreligionen,* Freiburg i. Br. 2013

Dalai Lama, *Einführung in den Buddhismus: Die Harvard-Vorlesungen,* Freiburg i. Br. 2013

Easwaran, Eknath, *Die Upanishaden – eingeleitet und übersetzt,* München 2008

Griffiths, Bede, Rückkehr zur Mitte. *Das Gemeinsame östlicher und westlicher Spiritualität,* München 1987

Konfuzius, *Gespräche (Lun-yü),* München 2005

Küstenmacher, Marion, *Der offene Augenblick – Kleine Mystik für Neugierige,* München 2012

Küstenmacher, Marion / Louis, Hildegard, *Mystik für Kinder,* München 2004

Küstenmacher, Marion / Haberer, Tilmann / Küstenmacher, Werner Tiki, *Gott 9.0 – Wohin unsere Gesellschaft spirituell wachsen wird,* Gütersloh 2010

Lipsett, Peter R., *Wege zur Transzendenzerfahrung,* Münsterschwarzach 1992

Quekelberghe, Renaud van, *Ozeanisches Bewusstsein. Einführung in die Vijnana Meditation,* Magdeburg 2011

Quekelberghe, Renaud van, *Psychologie der Stille,* Magdeburg 2009

Recheis, Käthe, *Weisheit der Indianer. Vom Leben im Einklang mit der Natur,* München 1995

Reschicka, Richard, *Praxis christlicher Mystik,* Freiburg i. Br. 2007

Reiter, Peter, *Geh den Weg der Mystiker,* Freiburg i. Br. 2001

Rohr, Richard, *Pure Präsenz: Sehen lernen wie die Mystiker,* München 2013

Schimmel, Annemarie, *Sufi – Liebe zu dem Einen. Texte aus der mystischen Tradition des Islam,* München 1993

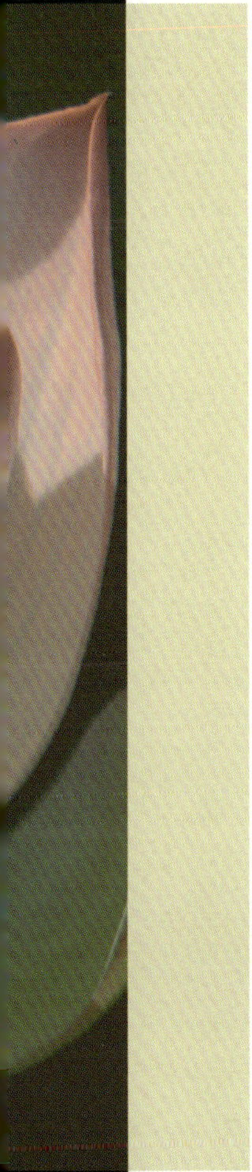

Schweizer, Gerhard, *Ungläubig sind immer die anderen. Weltreligionen zwischen Toleranz und Fanatismus,* Stuttgart 1990

Schweizer, Gerhard, *Der unbekannte Islam. Sufismus – die religiöse Herausforderung,* Stuttgart 2007

Sölle, Dorothee, *Mystik und Widerstand,* München 1999

Stutz, Pierre, *Geborgen und frei. Mystik als Lebensstil,* München 2008

Thích Nhât Hanh, *Lächle deinem eigenen Herzen zu,* Freiburg i. Br. 1995

Uhde, Bernhard, *West-östliche Spiritualität – Die inneren Wege der Weltreligionen,* Freiburg i. Br. 2011

Walsh, Roger, *Die Erfahrung gelebter Spiritualität,* Stuttgart 2008

Wehr, Gerhard, *Der Stimme der Mystik lauschen. Weisheit für jeden Tag des Jahres,* München 2005

Wilber, Ken, *Integrale Spiritualität,* München 2006

Zink, Jörg, *Gotteswahrnehmung. Wege religiöser Erfahrung,* Gütersloh 2009

Zink, Jörg, *Unter dem großen Bogen – Das Lied von Gott rings um die Erde,* Stuttgart 2001

Zum Nachschlagen: eine Liste der zitierten Mystiker, Texte und Weisheitstraditionen

Buddhismus

Buddha (560 – 480 v. Chr.) Nr. 18, 20, 22, 26, 29, 39, 46

Bhadantācariya Buddhaghosa (5. Jhd.) Nr. 8

Dalai Lama (*1935) Nr. 30, 42

Nagarjuna (2. Jhd.) Nr. 33

Patanjali (2. Jhd. v. Chr.) Nr. 26, 29

Arthur Schopenhauer (1788 – 1860) Nr. 22

Sutta-Nipata (Pali-Kanon) Nr. 42

Shunryu Suzuki (1904 – 1971) Einleitung

Thich Nhát Hanh (geb. 1926) Nr. 11, 43

Visuddhi-Magga (um 430) Nr. 8

Judentum

Abraham Abulafia (1240 – 1291) Nr. 43

Azriel von Gerona (1160 – 1238) Nr. 52

Martin Buber (1878 – 1965) Vorwort, Nr. 15

Dow Bär von Mesritsch (ca. 1710 – 1772) Nr. 28

Pinchas von Korez (1728 – 1790) Nr. 31

Mendel von Kozk (1787 – 1859) Nr. 15

Abraham Joshua Heschel (1907 – 1972) Nr. 7

Etty Hillesum (1914 – 1943) Nr. 27

Juda der Chassid (ca. 1140 – 1217) Nr. 48

Nachman von Bratislaw (1772 – 1810) Nr. 41

Psalm 84, 3 Nr. 3

Psalm 57,8 Nr. 14

Gershom Sholem (1897 – 1982) Einleitung

Simone Weil (1909 – 1943) Nr. 8, 48

Hinduismus

Taoismus und Konfuzianismus

Christentum

Islam

Weisheit der indigenen Völker (Stammestraditionen)

Die Autorin

MARION KÜSTENMACHER ist Autorin von über 30 Büchern mit Schwerpunkt auf Lebenshilfe, Bewusstseinswandel, integraler Spiritualität sowie christlicher, jüdischer und islamischer Mystik. 2010 wurde sie mit dem Argula-von-Grumbach-Preis für eine Arbeit über die Sophia-Weisheit ausgezeichnet.

Marion Küstenmacher stammt aus Würzburg und hat in München und Tübingen evangelische Theologie, Germanistik und Philosophie studiert. Sie war viele Jahre als Verlagslektorin und Redakteurin an der Schnittstelle zwischen Spiritualität und Psychologie tätig.

Inzwischen arbeitet sie freiberuflich als Autorin und hat zahlreiche Weiterbildungen absolviert (u. a. ist sie zertifizierte Trainerin für Spiral Dynamics Integral® sowie zertifizierte Mentorin für Wertimagination und wertorientierte Persönlichkeitsbildung®).

Seit 25 Jahren hält sie Vorträge und Seminare und begleitet spirituelle Sucher bei ihren transformatorischen Prozessen.

Sie ist verheiratet mit dem Bestsellerautor Werner Tiki Küstenmacher, Mutter von drei Kindern und wohnt in der Nähe von München.

Bildnachweis

Corbis: 4 (James L. Amos), 9 (N.N.), 12 (Radius Images), 15 (Godong/Michel Gounot), 17 (JAI/Doug Pearson), 18, 51 (Scott Stulberg), 19 (imageBROKER/Winfried Schäfer), 25 (Mamoru Muto), 29 (Tetra Images/RF), 31 (Tetra Images/Mike Kemp), 35 (Blend Images/Jeremy Woodhouse), 45 (National Geographic Society/Alex Treadway), 50 (Darrell Gulin)

Darshanaphotoart.co.uk: 23

Fotolia: U1 + Innenteil (lily), 6 (Kati Molin), 7 (Stefan Körber), 36 (ekarin), 44 (Alekss), 49 (felinda)

Getty Images: 1, 5 (Look/Heinz Wohner), 22 (DigitalVision/RF), 24 (Universal Images Group), 26 (Sites & Photos/Samuel Magal), 32 (Flickr Open/Naomi Hayes), 33 (Aurora Creative/David Santiago Garcia), 39 (F1online/Beate M), 40 (Photographer's Choice/Grant Faint), 43 (AFP/Diptendu Dutta), 52 (Asia Images/Alex Mares-Manton)

imago: 14 (GranAngular)

iStockphoto: 2 (spooh), 13 (CdeBruijn), 16 (PhotoRx), 21 (diephosi), 30 (Kevin Landwer-Johan), 34 (Sava_Alexandru), 37 (JayKay57)

PhotoAlto: 11 (Zen Shui/Alix Minde)

plainpicture: 3 (Marie Docher), 8, 48 (Mato), 10 (Spitta + Hellwig), 20 (Ruessmann), 27 (goZooma), 28 (Markus Renner), 38 (Fancy Images/Monalyn Gracia), 46 (Minden Pictures)

Shutterstock: 41 (Virunja), 42 (Volodymyr Goinyk), 47 (Martin Valigursky)

Autorenfoto: privat

Illustrationen: Claudia Hautkappe, München

Inspirierend. Bereichernd. Stimmungsvoll.

Ob als Anregung zur Meditation, als Tageskarte oder als fortlaufender Kurs in Sachen Buddhismus – die 64 Weisheitskarten von Susanne Seethaler sind vielfältig einsetzbar. Sie machen die Essenz der buddhistischen Lehre für Buddhismuskenner und Mediationserfahrene ebenso erfahrbar wie für interessierte Einsteiger. Das Begleitbuch vertieft mithilfe von Meditationen und weiterführenden Übungen die Karteninhalte.

Leseprobe unter
www.irisiana-verlag.de

64 Karten + 96-seitiges
Begleitbuch, im Klappschuber
ISBN 978-3-424-15248-7

IRISIANA